影响世界走向的 24个帝国

ALL ABOUT
HISTORY
GREATEST EMPIRES

[英]凯瑟琳·马什 编著

谭皓 王卓然 译

中国画报出版社·北京

图书在版编目（CIP）数据

影响世界走向的24个帝国 /（英）凯瑟琳·马什编著；
谭皓，王卓然译. -- 北京：中国画报出版社，2021.12（2023.9重印）
书名原文：All About History Greatest Empires
ISBN 978-7-5146-2033-7

Ⅰ.①影… Ⅱ.①凯…②谭…③王… Ⅲ.①世界史-通俗读物 Ⅳ.①K109

中国版本图书馆CIP数据核字(2021)第178225号

Articles in this issue are translated or reproduced from All About History: Greatest Empires, First Edition and are the copyright of or licensed to Future Publishing Limited, a Future plc group company, UK 2018. Used under licence. All rights reserved. All About History is the trademark of or licensed to Future Publishing Limited. Used under licence.

著作权合同登记号：图字01-2021-2711

影响世界走向的 24 个帝国

[英] 凯瑟琳·马什 编著　谭皓　王卓然 译

出 版 人：于九涛
责任编辑：程新蕾　吴赛赛
审　　校：崔学森
责任印制：焦　洋

出版发行：中国画报出版社
地　　址：中国北京市海淀区车公庄西路33号　邮编：100048
发 行 部：010-88417418　010-68414683（传真）
总编室兼传真：010-88417359　版权部：010-88417359

开　　本：16开（787mm×1092mm）
印　　张：12.25
字　　数：197千字
版　　次：2021年12月第1版　2023年9月第4次印刷
印　　刷：北京汇瑞嘉合文化发展有限公司
书　　号：ISBN 978-7-5146-2033-7
定　　价：68.00元

让我们一起领略对人类历史影响深远的众多帝国

提起"帝国",人们往往会想到罗马帝国。的确,罗马帝国的影响远播整个欧洲、北非和中东地区,或许是后世最了解的帝国。但它也不过是影响人类历史的众多帝国之一。

本书回顾了影响人类历史的24个帝国的兴衰史,从建立于公元前2334年的阿卡德帝国开始,至不列颠帝国的衰落结束。时间跨度超过四千年,几乎涵盖人类文明的每一个角落。我们将领略首次征服新大陆的西班牙人和葡萄牙人的风采,还将考证推动伊斯兰教黄金时代的是哪个帝国。随后,我们将前往中美洲,与阿兹特克人和印加人近距离接触。他们虽已成为历史,但他们所泛起的浪花至今依然影响着世界,那么,让我们开启"帝国"之旅吧!

目 录

6	帝国竞赛
18	阿卡德帝国
24	亚述帝国
33	阿契美尼德王朝
42	马其顿帝国
56	孔雀帝国
59	罗马帝国
70	拜占庭帝国
72	阿拔斯王朝
81	神圣罗马帝国
88	北海帝国
101	马里帝国
103	奥斯曼帝国

115	塞尔维亚帝国
121	葡萄牙帝国
126	阿兹特克帝国
129	印加帝国
135	西班牙帝国
140	莫卧儿帝国
142	不列颠帝国
161	俄罗斯帝国
171	法兰西帝国
177	奥匈帝国
179	日本帝国
184	德意志帝国
190	帝国的毁灭者

帝国竞赛

几乎所有最强大的文明都在争夺"史上最强大帝国"的桂冠。

艾普尔·美登/文

"帝国"一词有时带有贬义,让人联想到"征服"、"殖民"和"压迫"。但从另一个角度来看,我们也可将它视为给人类带来现代文明的引擎。人类自诞生起就开始审视周边,征服邻国。随着军事技术和后勤管理的发展,帝国开始出现。至公元前6世纪,帝国已不再只是村庄和田地的集合,它们开始统治更广阔的区域。

不断增长的人口意味着帝国可以拥有更大规模的常备军(从而更易于在下一次征服中取胜),而农业及赋税收入的增加也为维持军队的规模提供了足够的资金。尽管这些帝国并不完美,比如所有的帝国在成就之外都伴有暴行,但卓越富有、丰衣足食、防御良好的帝国也为臣民提供了财政和物质保障,使其尽享荣华,并使艺术和科学蓬勃发展。在本书中,我们将仔细审视那些改变世界的帝国。它们都是所在时代的超级大国,但谁会最终胜出呢?下面让我们先就其中几个具有代表性的帝国,一睹为快吧!

大清帝国
1644年—1911年①

大清帝国是中国的最后一个封建王朝,统治时间近300年,直至20世纪初被中华民国取代。它最初由一群被称为女真人的部族建立。女真人并非汉族,人口亦不占多数。他们在部落首领努尔哈赤的领导下发展壮大,后来被称为满族。夺取政权后,他们一方面延续前朝的政治结构,另一方面宣称自己拥有至高无上的社会身份。

后来,努尔哈赤的继任者之一摄政王多尔衮,为了镇压汉族臣民,颁布法律强制其更换新式服装和发型,由此影响了中国服装和文化观念。

主要领导人:	
努尔哈赤、多尔衮、溥仪	
财富	★★★★☆
领地	★★★★★
遗产	★★☆☆☆
军事力量	★★★★☆
综合实力	★★★☆☆

---

① 清建国于1616年,初称后金,1636年始改国号为清,1644年入关

08 阿契美尼德王朝
公元前558年—前330年

在鼎盛时期，阿契美尼德王朝（或波斯第一帝国）是当时世界上最大的帝国之一。它由居鲁士大帝建立，发源于波斯湾幼发拉底河和底格里斯河之间的肥沃土地（现在的伊拉克），覆盖了中东的大部分区域，领土从色雷斯（保加利亚）延伸到阿富汗、巴基斯坦和印度西北部。帝国的第二位统治者冈比西斯二世占领了帝国皇冠上的宝石——埃及。但朝臣公然背叛了帝国的最后一位统治者大流士三世，致使帝国最终落入亚历山大大帝手中。希罗多德（古希腊人，通常被认为是第一位历史学家）在《历史》一书中用核心篇幅记录了阿契美尼德王朝的兴衰历程。

尽管阿契美尼德王朝的领土和军事力量比本书涉及的其他帝国要小，但它留给后世诸多改变生活及后勤系统的实用性创新，如邮政系统、由国家维护的公路网以及促进臣民交流的官方语言。这些波斯人还发明了一种全世界人每天都穿的服装：裤子。

主要领导人：

**居鲁士大帝，
冈比西斯二世，
大流士三世**

财富 ★★★★☆
领地 ★★★★☆
遗产 ★★★★★
军事力量 ★★★☆☆

综合实力 ★★★☆☆

07 拜占庭帝国

330年—1453年

从时间上计算，拜占庭帝国似乎延续了一千余年。但帝国内的政治操控、权力更迭和持续不断的战争意味着实际控制时长并非如此之久。其首都拜占庭（今土耳其伊斯坦布尔）原本是罗马的前哨，后来短暂成为罗马帝国的首都，并因君士坦丁大帝的名字而改名为君士坦丁堡。

随着285年罗马帝国分裂，拜占庭帝国开始了自己的征程。皇帝查士丁尼一世收回了拜占庭在罗马帝国解体中失去的许多土地，开始征服波斯、北非地区，甚至意大利。他的目标是恢复罗马已逝的荣耀，但拜占庭本身正逐渐成为一种独特的文化。查士丁尼实际上是最后一位以拉丁语作为第一语言的皇帝，后来的统治者都主要使用希腊语。至10世纪，马其顿王朝的巴西尔二世皇帝拓展了拜占庭帝国的疆域，版图再度横跨欧亚非的广大区域，从而开启了帝国的另一个黄金时代。但这不过是回光返照而已。帝国最终于1453年彻底崩溃。

主要领导人：
君士坦丁大帝，
查士丁尼一世，
巴西尔二世

财富 ★★★★☆
领地 ★★★★☆
遗产 ★★★☆☆
军事力量 ★★★☆☆

综合实力 ★★★☆☆

06
奥斯曼帝国
1299年—1922年

将拜占庭帝国赶出领地的是奥斯曼帝国，后者在领土面积和统治时长上都超过了前者。奥斯曼帝国由奥斯曼一世在安纳托利亚（今天的土耳其）建立，至穆罕默德二世征服君士坦丁堡后升格为帝国。在鼎盛时期，奥斯曼帝国统治着东起巴格达，西至阿尔及尔，南抵阿拉伯湾，北到布达佩斯的广大地中海区域。同时，奥斯曼帝国统治时间长久，从中世纪一直延续至20世纪。这归功于首都具有的重要战略地位，使其得以依靠欧亚双方的领土和贸易维持帝国的存续。苏莱曼大帝是帝国在位时间最长、最有权势的统治者，为帝国带来了财富、文化、政治传统及和平，因此为后世所铭记。

主要领导人：
奥斯曼一世
穆罕默德二世
苏莱曼大帝

财富 ★★★★★
领地 ★★★★☆
遗产 ★★★★☆
军事力量 ★★★★☆

综合实力 ★★★★☆

主要领导人:
彼得大帝
伊凡三世
尼古拉二世

财富 ★★★★☆
领地 ★★★★★
遗产 ★★★★☆
军事力量 ★★★★☆

综合实力 ★★★★☆

05
俄罗斯帝国
1721年—1917年

尽管奥斯曼人打败了拜占庭帝国,但他们并未破坏拜占庭的精神,拜占庭帝国的一些文化和传统得以在俄罗斯延续。拜占庭艺术及东正教在10世纪左右传入俄罗斯,并发展出新的形式,最终在俄罗斯帝国达到顶峰。

这是一个绝对的君主政体:皇帝(沙皇)掌握了全部的政治权力。它由彼得大帝建立,并由伊凡三世巩固,领土涵盖了欧洲、亚洲甚至北美从北极到太平洋的大片地区,一度成为世界上最大的帝国。

然而,皇室钟鸣鼎食的奢华生活最终伴随帝国一同衰落。1905年,俄罗斯帝国变成权力较小的君主立宪制国家,末代沙皇尼古拉二世被迫于1917年退位。

04
马其顿帝国
前800年—前146年

有些帝国以领土立国,有些则纯粹依靠意志。马其顿本是位于希腊中心地带之外的小国,被视为有些落后的农村地区。但在父子两代统治者的领导下,它跃升为当时最强大的国家,统治着从埃及到印度的广阔的古代世界。

腓力二世于公元前359年继承马其顿的王位。他原本打算为侄子担任摄政王,但最后还是夺取了王位,并开始开疆拓土。公元前336年,腓力二世遇刺身亡,王位传于其子亚历山大,即亚历山大大帝。亚历山大大帝不负众望,不仅实现了对希腊各城邦的军事统一,而且通过长达10年的战争灭亡了波斯帝国,将马其顿帝国领土扩展到地中海和印度,并征服了埃及。亚历山大大帝是历史上最杰出的军事指挥官之一,是驱动马其顿帝国发展的发动机。然而,随着年仅33岁的亚历山大大帝于公元前323年去世,他那充满魅力的军事机器也近乎分崩离析。虽然安提柯三世最终收回了一些领土,但由于没有继承人,帝国很快灭亡了。

有些帝国以领土而立国,有些则纯粹依靠意志。

主要领导人:
腓力二世、亚历山大大帝、安提柯三世

财富 ★★★★☆
领地 ★★★★★
遗产 ★★★☆☆
军事力量 ★★★★★

综合实力 ★★★★☆

主要领导人:

查理曼大帝
亨利三世
腓特烈三世

财富 ★★★★☆
领地 ★★★★★
遗产 ★★★☆☆
军事力量 ★★★★☆

综合实力 ★★★★☆

03

神圣罗马帝国

962年—1806年

　　神圣罗马帝国名义上拥有超过千年的历史，但与那些强力推行共同语言政策和极权政府的帝国不同，神圣罗马帝国大部分时间都只是欧洲国家的联盟，由多国王室共同管理，各国仍保留各自的语言和习俗。神圣罗马帝国由查理曼大帝在中世纪早期建立，旨在于中欧地区复兴拜占庭帝国。

　　亨利三世统治之际，神圣罗马帝国达到鼎盛，领土覆盖法国、德国、波希米亚（捷克和斯洛伐克）和意大利的大部分地区。1438年至1740年间，神圣罗马帝国由奥匈帝国君主哈布斯堡王朝统治，其首位统治者是腓特烈三世。哈布斯堡家族后来一直控制着这片辽阔的土地，但频繁的近亲通婚产生了严重的遗传后果，最终导致家族的终结。不到百年后，神圣罗马帝国也被拿破仑征服。

02 不列颠帝国
1497年—1947年

众所周知，不列颠帝国疆域辽阔，拥有"日不落帝国"之称。它从世界上最小的岛国起步，最终扩张为横跨美国、非洲、印度、澳大利亚、新西兰、亚洲和中东的部分地区的庞大帝国。伊丽莎白一世可谓是不列颠帝国的缔造者，她派出弗朗西斯·德雷克等探险家，表面上是为寻找新大陆，但也是为了对付英国在海上的敌人。

英国孕育出了工业革命，并利用新技术扩大了影响范围。蒸汽动力船使横渡海洋变得更加容易，火车使横贯大陆的旅行成为可能，摩斯电码及后来的无线电和电话等通信创新将大城市连接起来，而英国的食物和体育运动也在世界各地流行开来。英语至今仍是地球上使用最广泛的语言之一。后来，不列颠帝国逐渐放弃了许多殖民地，或将其并入现在的英联邦。

主要领导人：

伊丽莎白一世、维多利亚、丘吉尔

财富 ★★★★★
领地 ★★★★★
遗产 ★★★★☆
军事力量 ★★★★☆

综合实力 ★★★★★

01 罗马帝国

公元前27年—476年

"罗马的技术革新使城市内部和整个帝国的人民生活得到诸多改善。"

罗马帝国可能比本书涉及的其他国家小很多，但它在历史上投下了长长的阴影，至今仍有着深远的影响。罗马帝国曾是世界上最大的帝国，事实上也是当时欧洲唯一的帝国，统治区域几乎覆盖欧洲大陆的每一个地区，以及英国、非洲部分地区、土耳其和中东。

罗马对世界的影响怎么说都不为过。它的精锐部队罗马军团是一支不容小觑的战斗力量，历代罗马皇帝都以之开疆拓土，实现扩张。但罗马帝国并非仅为掠夺物品和利润而占领领土。罗马人真诚地相信他们的社会和技术代表高度的文明，可以将之输出到被征服的国家。笔直平坦的道路使旅行和贸易更加容易，跨越山谷和山丘的桥梁方便人们出行，高架渠把水引到缺少水井和泉水的内陆地区，而中央供暖系统则给家庭带来温暖——这一点在罗马人向北进入法国和英国时尤为重要。此外，共同的语言拉丁语也使交流更加容易。

罗马的技术革新不仅在当时改善了城市乃至整个帝国的生活水平，而且为后世留下了诸多遗产，这也使其成为历史上最重要的帝国。拜占庭是它的第二故乡，在那里兴盛的罗马意识形态激励着拜占庭人建立自己的帝国。直到19世纪，神圣罗马帝国都将自己视为罗马文明最后的堡垒。而俄国统治者的头衔"沙皇"和德意志帝国的君主"凯撒"都源自罗马帝国皇帝的名字——凯撒。

从它统一的领土，到留下的语言和政治制度，再到历久弥坚的一系列技术革新，罗马确实可谓改变世界最深刻、影响最久远的帝国。

主要领导人：

奥古斯都、哈德良、君士坦丁大帝

财富 ★★★★★
领地 ★★★★☆
遗产 ★★★★★
军事力量 ★★★★★

综合实力 ★★★★★

阿卡德帝国

世界首个帝国的壮丽崛起与迅速衰落

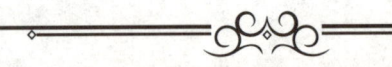

斯科特·里夫斯 / 文

当阿卡德的萨尔贡国王率领5000大军试图征服苏美尔人的乌鲁克城时，他面对的是当时世界最大、人口十倍于己方军队的城市。然而，此刻将成为世界历史上的一个具有里程碑意义的时刻。此时阿卡德与苏美尔两大王国间的力量平衡发生了转移，萨尔贡国王不仅夺取了苏美尔的34座城市，而且俘虏了乌鲁克国王卢加尔扎克西。通过征服邻国，萨尔贡建立起一个中央集权的多民族国家，并成为世界首个帝国，位置大体在今天的伊拉克。

国王萨尔贡的崛起是惊人的。他最初担任基什国王的斟酒人，后来被任命为园丁。园丁肩负清理灌溉这一重要职责，需要确保农作物在炎热的美索不达米亚生长。这个工作使萨尔贡接触到一支纪律严明的工人队伍——随后成为其军队的基础，最终助其在公元前2334年夺取了王位。

萨尔贡此时已成为美索不达米亚数个王国的统治者之一，但他还有更大的野心。随后，他不仅征服了南方

▲ 阿卡德帝国无情地征服了所有美索不达米亚的反对势力,但同时也让帝国同化被征服者

帝国的战场

揭开这片被古代帝王们争夺的土地——美索不达米亚的面纱

不幸的是,发生在美索不达米亚的冲突并不鲜见。美索不达米亚在阿卡德帝国时期有着短暂的繁荣,随之而来的是古蒂人统治下的黑暗时代,没有任何证据证明这个时代存在光明。不管怎样,前阿卡德帝国的人民最终融合成两个存在时间很长的国家:北方的亚述和南方的巴比伦。

巴比伦于公元前539年第一次被来自东方的波斯入侵者阿契美尼德帝国征服。下一批侵略者是公元前332年来自西方的亚历山大大帝。亚历山大大帝去世后,美索不达米亚成为希腊塞琉古帝国的一部分。

公元前150年,当美索不达米亚被帕提亚帝国控制时,钟摆又摆向了东方。在幼发拉底河和底格里斯河之间的肥沃土地上,罗马人和波斯人之间的战争持续了几个世纪。直到7世纪上半叶,穆斯林征服了黎凡特,美索不达米亚被西部的罗马拜占庭人和东部的萨珊波斯人一分为二。随后它又遭到蒙古人入侵。直到20世纪,这个帝国的战场才平静下来。

▲ 在阿卡德帝国统治500年后,美索不达米亚最著名的统治者——巴比伦的汉谟拉比控制了该地区

的苏美尔地区，而且通过发动一系列战争兼并了邻国的土地。至此，他的势力范围西至叙利亚和迦南，到达地中海，甚至可能跨越水域到达塞浦路斯；东至埃兰人的城市及现在的伊朗领地；北至安纳托利亚山脉（现在的土耳其）；南至马干（现在的阿曼）。

起初，阿卡德帝国的军队并没有轻易接受萨尔贡的指挥。埃兰和亚述爆发了叛乱，但帝国军队严酷地镇压了所有反对派，并任命忠诚的阿卡德政府官员管理被征服者。

萨尔贡能够建立并始终维持对广阔国土的控制，得益于他的长寿——在位56年之久。在他的继任者的领导下，阿卡德帝国继续发展壮大。国家在长期在位的君主去世后，大多发生动荡。不过，萨尔贡的两个儿子瑞穆什和玛尼什图舒镇压了诸多叛乱。实际上，相比来自其他国家的威胁，瑞穆什和玛尼什图舒更多受到来自国家内部的威胁——因为最终他们都因宫廷政变被朝臣暗杀。

当玛尼什图舒的儿子纳拉姆辛在公元前2254年继承王位时，阿卡德帝国再次制定了征服战略。叙利亚王国的埃布拉和阿玛奴姆相继落入新国王纳拉姆辛之手，他的军队继续冒险深入安纳托利亚，迎战赫梯人。纳拉姆辛在位36年，缔造了帝国的鼎盛时期，同时也迎来了以征服为主题的第二个黄金时代。

阿卡德帝国不仅拥有一支强大的军事力量，而且有繁荣的经济，尽管它几乎完全依赖于农业。两条肥沃的土地带让该地区成为阿卡德帝国的天然粮仓：一条在美索不达米亚北部，依靠雨水灌溉；另一条在南部，依靠运河维持生产。粮食和油田由国家定量控制并用标准化的容器分配。因此，当一个产粮区出现食物短缺时，另一个则可予以补充。

交税的方式是多样的。农民不仅可将农产品上交国家，也可参与修建公共工程——比如修建城墙和寺庙，或在秋天对灌溉沟渠进行大清理。牧民可以在运河附近放牧绵羊和山羊，但必须上

▲ 在阿卡德帝国的邮政系统中，人们使用圆筒形的印章来封信，图为刻画着端坐的水神和智慧之神的印章

▲ 伊拉克国家博物馆收藏的这件真人大小的青铜头像被认为是萨尔贡或者纳拉姆辛的头像

缴羊毛、肉、牛奶和奶酪作为税金。

阿卡德帝国虽然有丰富的粮食，但缺乏其他资源，尤其是金属、木材和石料。阿卡德侵略其他国家的原因之一就是希望获得可靠的资源供应。比如安纳托利亚的金牛座山脉有银矿，马干（今阿曼）有铜矿，阿富汗有青金石，黎巴嫩有木材。

为了确保家族牢牢掌控王位，阿卡德国王们通过任命家族成员来控制国家。他们把自己的儿子任命为各州的长官，把自己的女儿嫁给其他帝国的统治者。萨尔贡和纳拉姆辛的两个女儿也被任命为高级女祭司，这意味着他们家族的权力已向南渗透至乌尔的苏美尔神庙。

阿卡德人还试图同化被征服国家，从而建立一个统一的国家。阿卡德语成为美索不达米亚的主要语言，尽管许多人会说两种语言，且更习惯说苏美尔语。帝国之间的通信可以通过支持邮政服务的公路网实现。黏土信封的外面封着刻有阿卡德文字的泥板，信封上标有收信人的姓名和地址，并盖上发信人的印章，只有指定的收信人才能拆开信封，看到里面的内容。美索不达米亚采用一种特殊的日历——每一个年份都是根据国王所做的某件事命名的。

然而，我们并不太了解阿卡德首都。阿卡德的位置仍然笼罩在神秘面纱之下。"阿卡德"这个名字并非来自阿卡德语，这表明这座城市在萨尔贡和他的帝国崛起之前就已经存在。阿卡德首都最有可能的地点是在底格里斯河上，在现在的萨马拉和巴格达之间的某个地方，这个区域仍有80余英里①有待探索。

无论纳拉姆辛的宫殿位于何处，他的权力之大是毋庸置疑的。他不仅自封为"四方之王"，而且被提升到神的地位，甚至建立了自己的庙宇。将国家的统治者神化并不鲜见——数世纪前统治乌尔克的吉尔伽美什便早已如此——但这是首次将国王直接视作神。然而，一篇名为《阿加德的诅咒》的古籍讲述了一个国王（后世认为就是纳拉姆辛）因为神化和拆毁尼普的恩利尔神庙而激怒了众神。

不管是否受到神的惩罚，纳拉姆辛去世仅64年后，阿卡德帝国便轰然倒塌。纳拉姆辛的儿子沙尔·卡利·沙利面临来自苏美尔地区的古蒂人

---

① 英里：英制长度单位。1英里≈1.609千米

持续不断的袭击。这个游牧民族生活在扎格罗斯山脉,他们坚持对阿卡德人进行游击战,因此阿卡德的军队无法占领他们的城市和土地。由于身陷与这种新型敌人的长期战争,国家的经济实力逐渐遭到削弱。高税收被用来支付与古蒂人之间的军事行动,导致帝国其他地区的动荡和叛乱。

当沙尔·卡利·沙利在没有继承人的情况下死去后,阿卡德帝国及其首都周围陷入一片混乱,帝国内部因王位之争发生了长达三年的战争。杜杜最终赢得内战。之后他的儿子舒·图鲁勒继承了王位。然而,两位国王都没有能力扭转阿卡德帝国的颓势,最终还是古蒂人赢得了胜利。

曾经伟大的帝国突然崩溃的一个原因是帝国完全依赖于个人领导。萨尔贡和纳拉姆辛或许有能力建立并统治广阔的领土,但其他继承者却未必如此。然而,一些科学家提出了另一种原因:阿卡德帝国的最后几年,国家正好由于降雨量减少而长期处于干旱状态。

考古证据表明,几个苏美尔城市在阿卡德晚期遭到遗弃。在叙利亚的泰尔雷兰进行的挖掘显示,经济繁荣时期人们建造了大量城墙和寺庙,但不久之后,这座拥有2.8万人口的城市便再无人类活动的踪迹。土壤样品表明,细沙覆盖了地面,且没有通常存在于肥沃土壤中的蚯蚓活动的痕迹。同一时期,附近的泰尔布拉克城市的规模也缩小了75%。

如果在美索不达米亚发生类似的事件,阿卡德帝国的经济就会直线下降。首先,农业产量会大幅下降;其次,人们会为了寻找可靠的水源而离开城市;最后,贸易也会崩溃。因此,国王将没有能力对一个庞大帝国进行集中控制,人们对阿卡德的忠诚也会如朝露般迅速蒸发。

无论阿卡德帝国轰然崩塌的原因为何,它仍然是世界上的第一个帝国,在帝国史上是一个简短但具有历史意义的里程碑。这段历史使萨尔贡国王成为后来包括奥古斯都和成吉思汗在内的杰出帝王的祖先——对于一位前皇家斟酒人来说,其成就已值得称道。

▲ 20世纪60年代出土的巴塞特基铜像底部的铭文表明,它曾经矗立在纳拉姆辛的宫殿门口

亚述帝国

探索铁器时代中东最强大的军队及其几乎占领耶路撒冷的经过。

马赛尔·塞尔 / 文

亚述帝国起源于尼姆鲁德、尼尼微和亚述之间的底格里斯河上游,也就是现在的伊拉克西北部。亚述本土的地缘战略地位有些不稳,因为该地区缺乏建筑所需的木材和石头,以及制造武器的铁矿石和饲养马匹的大草原,同时在地形上缺乏抵御入侵的天然屏障。这意味着亚述想要生存,就必须对外扩张。

公元前9世纪,亚述大举扩张领土,成为中东地区的主导力量。百年后,提革拉·帕拉萨三世杀死王室成员,夺取了亚述的王位。他不仅是优秀的行政和军事改革家,也是成功征服中东大部分地区的天才将军,而亚述军队则是促进这一扩张的主要工具。提革拉·帕拉萨三世改组军队,启用新征服地区的士兵,组建起由专业、全职士兵组成的强大军事力量。通过统领这支常备军,亚述人可以常年调动15万至20万人的军队作战。

这是第一支主要装备铁制武器和盔甲的军队。冶铁技术可能在约公元前1300年由赫梯人发明,在随后的几个世纪中广泛应用。与青铜相比,它是一种更好的材料,因为冷锻可以制造出更加坚固、可靠的武器。几个世纪后,回火技术的出现使铁成为制造武器的最佳材料。铁矿石的广泛供应降低了生产成本,使其更具吸引力。即使弱小的国家也可负担得起一支用铁器武装的强大军队。于是,战争变得更加频繁,亚述人也充分利用了这个新铁器时代的机遇。

古亚述人装备了一支由步兵、战车、骑兵、工兵和辅助部队组成的复杂联合作战部队。国王担任最高指挥官,通常领导战役。重装步兵占部队的主体,由弓箭手、投弹手和盾牌手支援。弓箭手被认为颇具威力,因为铁质箭头很容易穿透敌人的盔甲,而箭袋的发明极大地提高了射击频率。

骑兵和战车组成了精锐的骑兵部队。战车由一人驾驶，一名弓箭手和一名盾牌手充当移动火力。如果地形适宜，它们将作为突击部队对抗敌人的步兵。公元前9世纪，当马上的弓箭手终于进入战斗序列后，骑兵变得越来越重要。

黎凡特艰险的地形降低了战车的效率，但为骑兵成为亚述的进攻主力铺平了道路。公元前7世纪，骑兵已经发展成为一支全副武装、护具精良的战斗部队。马匹具有很高的战略价值，这就是亚述人投入大量精力和资源繁殖、喂养和训练马匹的原因。

在旷野战中，由弓箭手、投石手和盾牌手组成的重步兵占据了亚述防线的中心，骑兵和战车部队部署在侧翼。战斗队形的宽度超过两千米，纵深近百米。通常先由弓箭手和投石手通过远程射击开启战事，战车和骑兵随后向前推进——战车冲破敌人的防线，骑兵利用缺口袭击敌人，步兵则给予最后一击。

这些军队也擅长围城战。一场典型的围攻始于对目标城市的全面封锁，然后将军们检查防御系统，寻找薄弱点——通常是城门。围城者首先在指定地点准备巨大的土坡填平战场，然后启动攻城车：它由一个带有铁矛的攻城槌和一个攻城

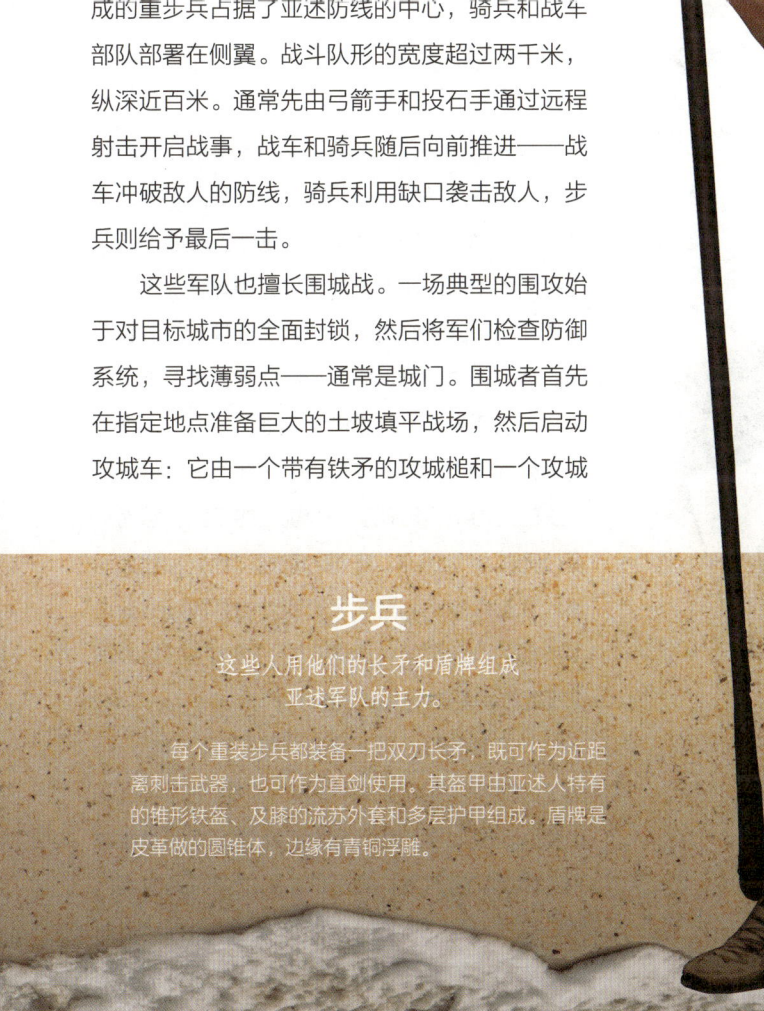

步兵

这些人用他们的长矛和盾牌组成
亚述军队的主力。

每个重装步兵都装备一把双刃长矛：既可作为近距离刺击武器，也可作为直剑使用。其盔甲由亚述人特有的锥形铁盔、及膝的流苏外套和多层护甲组成。盾牌是皮革做的圆锥体，边缘有青铜浮雕。

弓箭手

从远处射出致命的弓箭

虽然亚述人有时使用简单的弓，但复合弓才是主要的进攻武器。弓箭手通常与拿盾牌的人结对出战。由芦苇制成的盾牌比人还大，顶端弯曲以保护弓箭手。复合弓的射程可达600米。弓箭手头戴公元前7世纪早期典型的带有护耳的锥形铁盔。

塔组成，攻城塔的顶部覆盖着兽皮，为了防止建筑物着火，兽皮一直保持湿润。攻城塔还有弓箭手把守，并对城墙和守军进行射击。

心理战也起到了一定的作用：针对那些抵抗的城市，亚述人占领后会施以暴行，也因之招来骂名。不过，这确实达到了威慑的目的，只要亚述军队在城市前摆好阵势，就足以使对手投降。为了控制征服区域，亚述王提革拉·帕拉萨三世推出一项"常规政策"：将城市居民大规模驱逐出境，从而清除最有可能煽动叛乱的敌人精英。这种进行政治斩首的做法使其更易于统治新的领土。

希伯来王国

公元前9世纪，亚述帝国成为中东地区的强国，并向黎凡特扩张。国王萨尔玛那萨尔三世在位35年，发动了21次战役，确立了亚述人从巴比伦到地中海沿岸的统治地位。当时，黎凡特的小城邦和王国都经历了一个政治霸权和经济繁荣的时期。在这些国度中，有以色列的希伯来王国和今天以色列国土上的犹大王国。

公元前10世纪，在传说中的大卫王和所罗门王的统治下，出现了一个统一的王国。然而，至公元前10世纪末，王国分裂成以色列和犹大两国：北部以撒玛利亚（今天西岸的塞巴斯蒂亚）为首都的以色列朝代更迭不断，而大卫的后裔则在耶路撒冷控制着南部的犹大。

大多数时候，这两个王国都在互相争斗——由于人口众多和农业条件较好，以色列通常占据优势。不过，至9世纪两国都繁荣起来，但亚述人的领土扩张对其构成了威胁。战争只是时间问题。两国可能都拥有小规模的常备军，但我们对其招募和组织方式了解有限。军队很有可能以步兵为主，辅以数量有限的战车和骑兵部队作为支

▲ 新巴比伦军队在卡赫美士战役中打败亚述和埃及联军

援。步兵装备标枪、剑和盾牌，并配有弓箭手和投石手。

对于像以色列和犹大这样的小国来说，由于无法单独发动大规模进攻，与大国结成军事同盟是非常必要的。大多数军事活动集中在对敌人围攻的准备和防御工事的建设上。首先，确保水的供应对生存至关重要。泉水常发源于城外，因此急需修建精细的供水系统。以色列人和犹太人挖掘修建了巨大的供水系统，以确保能顺利引水入城。直到今天，游客们参观美吉多、哈措尔和耶路撒冷时，仍对当年建造的基础设施体现的先进工程技术惊叹不已。

城墙是用方石（若追溯至青铜时代则为泥砖）在陡峭的人工土丘上垒造而成，这也是防御方面的一个重要因素。在早期的铁器时代，城墙只是由私人住宅的外墙组成。然而，至10世纪，炮塔墙——一种由两道平行墙和交叉口组成的城墙开始流行。在和平时期，外墙和内墙之间的空间用来容纳士兵或物资。在围城期间，防御者则用泥土填满城墙以加强防御。自公元前9世纪以来，带有塔楼和堡垒的巨大城墙成为常态。

这种创新的防御可能是由攻城技术造成的。在黎凡特人遇到亚述人之前，进攻者运用梯子来占领城市或要塞，在城墙上的防御者享有战术优势。只要一座城市或要塞有足够的物资储备，防御者只要等待即可，直到攻击者耗尽资金和耐心。

然而，亚述人通过引进新的武器系统和战术，从根本上改变了围城战。笔直的城墙为亚述人的战术提供了理想的目标，而拥有探出的塔楼

资料来源

文字和考古资料描绘了一幅丰富多彩的画面——亚述统治中东时期的战争图景

《圣经·旧约》（尤其是《列王记》和《历代志》）讲述了公元前10世纪到前7世纪以色列和犹大希伯来王国的历史。尽管这个故事有点生僻，尤其是当它涉及希伯来人的敌人时，但它仍是那个时期富有价值的资料来源。

亚述人给我们展示了故事的另一面。有许多文字记录比《圣经》更接近这些历史事件。《亚述王表》及知名年官表提供了关于统治者和事件的具体信息。然而，这些主要是亚述的宣传材料，叙述并不公正。

最后，考古学也提供了重要见解，因为战争和破坏的痕迹今天仍然可见。现代以色列对米吉多、哈兹罗、拉吉等古城的挖掘，再现了当年的亚述围困战。对武器、防御工事和攻城痕迹的发现有助于我们了解2700年前发生的事件。亚述首都尼尼微出土了一幅描绘公元前701年亚述人攻占犹太城市拉吉的巨大浮雕，这不仅提供了研究战争技术的独特机会，还展现出士兵和武器的外貌。

▲ 耶路撒冷棱镜（在耶路撒冷的以色列博物馆中展出）包含用阿卡德语写成的辛那赫里布的编年史。碑文展示了亚述王的军事行动，其中包括对抗犹太国王希西家的战争，这些被记录在《圣经》中

投石者

在亚述帝国的早期，投石者没有穿盔甲或鞋子，但杀伤力仍然是致命的。

作为弓箭手的支援部队，投石者提供了高角度火力，并试图摧毁敌人的盾牌，使其在弓箭手面前不堪一击。公元前8世纪，投石者开始装备类似弓箭手的盔甲，包括板层盔甲和铁锥形头盔。

和城垛的城墙则具有更少的攻击点，并使防御者可以通过交叉火力对付攻击者。

亚述人进攻黎凡特

面对亚述的威胁，11个黎凡特王国组成了防御联盟。公元前853年，亚述统治者萨尔玛那萨尔三世在著名的卡尔卡尔战役中与联军狭路相逢，这场战役发生在今天叙利亚西北部的奥朗提斯河畔，是当时规模最大的战役之一。他率领七万多人上了战场，其中包括1200名骑兵和4000辆战车。

反亚述联盟也集结了强大的力量。当时的资料记述了一场导致数千士兵阵亡的血腥战斗。亚述人声称国王撒缦以色是胜利者，但这可能只是他们单方面的宣传，因为随后数年撒缦以色对南下一直踌躇不前。他三次试图打破反亚述联盟，并于公元前840年，征服了黎凡特的南部地区。最终，黎凡特联盟的内部斗争导致联盟瓦解，给了亚述人逐个击破的机会。

▲ 彼得·保罗·鲁本的《辛那赫里布的失败》遵循了《圣经》的说法：上帝的天使拯救了耶路撒冷

辅助部队

一个手持长矛和芦苇盾牌的赫梯步兵

赫梯军人的一个特征是胸前有一个圆形铜板,头盔上有帽檐。除此之外,辅助步兵部队基本上没有装甲。辅助部队通常负责占领各省,并在战役过程中集结以增援亚述常规军。

接下来的150年里,黎凡特王国和亚述人之间一直冲突不断。以色列和犹大作为亚述的附属国幸存了一段时间,但以色列试图挑起亚述和埃及互相残杀,不料弄巧成拙。公元前722年,亚述轻而易举地打败了以色列。以色列地理位置重要,位于美索不达米亚和埃及之间具有重要战略意义的缓冲区内。为了消除这个恼人的威胁,亚述人将以色列数万居民驱逐出境,并在那里重新安置帝国其他地区的居民——这便是以色列王国的终结。

公元前725年至前698年,希西家王统治下的南部希伯来王国——犹大王国并没有跟随以色列加入叛乱,因此得以在随后数年里实现政治稳定、繁荣乃至对外扩张。但是,当亚述国王萨尔贡二世于公元前705年去世时,希西家王犯了一个致命错误,加入了亚述帝国各个角落爆发的一系列叛乱中。新亚述王辛那赫里布巩固国内稳定后,就立即派遣军队向黎凡特进军。

拉吉和耶路撒冷的围攻战

公元前701年,辛那赫里布对南黎凡特的战役是铁器时代记载最丰富的军事事件之一。历史学家不仅可以依靠亚述王的编年史和《圣经》的记载,而且还有大量考古遗迹为证。

希西家已为承担后果做好了准备。他知道辛那赫里布会兴师问罪,而他的军队在正面战斗中毫无胜算。所以,他已对城市和要塞,尤其是首都耶路撒冷做好长期被围困的准备。希西家扩建了城墙,包括今天锡安山耶路撒冷的新区域。此外,他还修建了一条550米长的水道,将耶路撒冷唯一的泉源"基训"引至城墙内的一个大水池,从而保证了耶路撒冷的供水。

辛那赫里布沿着地中海海岸推进,一路所向披靡,所到之地大多在开战前就已投降。最后,辛那赫里布再次将枪口对向犹大，围困坚固的拉吉城。考古挖掘发现了一个60米长的坡道，由亚述人用1.9万吨土夯筑而成；同时还发现了万人坑，其中有数百个箭头和投石，以及城市里可怕的火灾痕迹，见证了血腥的战斗和破坏。

尽管做了大量的准备工作，拉吉和其他45个犹太人据点还是被摧毁了。最后，辛那赫里布向耶路撒冷进发，并照例包围了这座城市。显然，亚述统治者再次取得胜利只是时间问题。辛那赫里布在一篇铭文上写道："我把他（希西家）囚禁在他的王城耶路撒冷城中，如同笼中之鸟。"

然而，亚述人却突然离去。希西家仍安坐王座。据《圣经》记载，上帝派了一位天使进入亚述人的营地，一夜之间杀死了大部分军人——这表明营地里爆发了致命瘟疫。亚述讲述了另一个版本的故事：希西家为拯救他的城市而献上珍贵的贡品。除了金银和犹大的精锐部队之外，辛那赫里布声称他"带走了20万零100人……马、骡子、驴子、骆驼、牛羊，不计其数，并将其当作战利品"。

另一种理论认为，辛那赫里布是因为巴比伦爆发了叛乱才不得不离开。他的撤退拯救了耶路撒冷——至少暂时是这样。然而，犹大因亚述对希西家的政治压迫而承受了巨大的痛苦——大量人口遭到放逐，进而影响了经济，多年后才恢复元气。

在接下来的几十年里，随着对埃及首都底比斯的征服，亚述帝国达到了它的顶峰。然而，内部权力斗争却导致其灭亡。7世纪末，亚述落入了正在崛起的巴比伦王国的手中。绝望之下，它与长期的竞争对手埃及结盟。

公元前605年，在卡赫美士（今叙利亚）战役中，巴比伦王储尼布甲尼撒给了亚述帝国最后一击。在接下来的几年里，巴比伦的统治者征服了整个黎凡特，并在中东建立了新的超级大国——巴比伦。

阿契美尼德王朝

居鲁士大帝不仅是建立了波斯帝国的铁血勇士，还是才华横溢、富有创造力的管理者。

约翰·曼/文

居鲁士大帝是古代世界令人印象最深刻的政权之一——波斯帝国的创始人。波斯帝国持续了两个世纪之久（公元前558年—前330年），直至被亚历山大大帝摧毁。尽管居鲁士对外征服的意义重大，但历史留下的证据却寥寥无几。学者们只能从传说、散落的楔形文字石板、《圣经·旧约》简短片面的叙述，以及居鲁士宣示征服正当性的宣言中，想象他当时的功绩。

在居鲁士大帝统治之前，土耳其和中东其他地区被三个帝国统治：土耳其西部的吕底亚王国、横跨现代中亚的米底王国，以及横跨伊拉克、伊朗和地中海海岸的巴比伦王国。古代亚述帝国后来分成米底亚和巴比伦。远在东方和北方，在亚洲未知的心脏地带，是斯基泰人（也被称为萨卡人）的地盘，他们是游牧的骑兵，生活在文明视野之外的世界里。

居鲁士的故乡波斯由其祖先阿契美尼斯建立。两个世纪前，阿契美尼斯带领部落从亚洲中部崛起并建立了波斯。居鲁士是阿契美尼德王朝的第七任国王，出生于公元前600年或公元前575年—25年的时间出入表明现有资料的真实性有待商榷。当居鲁士还是个孩子的时候，波斯只是与其关系密切的米底亚人的一个不起眼的附庸。

大约百年后，希腊伟大的历史学家和旅行家希罗多德记述了居鲁士的崛起。居鲁士的祖父阿斯提阿格斯（米底亚人的国王）梦见从他的生殖器长出一棵葡萄树。祭司们告诉他这意味着他的后裔将要推翻他。这时阿斯提阿格斯的女儿芒达妮怀孕了，所以国王命令贵族哈尔巴格斯杀死这个未出生的婴儿。哈尔巴格斯把这项任务交给了一个谦卑的牧羊人，牧羊人没有听他的话，而是

▲ 位于德国的居鲁士大帝雕像

▲ 女王托米莉斯接过波斯国王居鲁士的头颅

把婴儿当作自己的孩子抚养成人。后来，有一次这个男孩扮演国王，他的表演惟妙惟肖，引起了阿斯提阿格斯的注意，继而真相大白。阿斯提阿格斯终于认出了他的外孙——居鲁士。

居鲁士的童年是和阿斯提阿格斯一起度过的，并接受了训练和教育。根据希腊历史学家和日志记录者色诺芬的说法，他是一个拥有超常智慧和魅力的男孩："居鲁士在这种环境的养育下成了一个十分健谈的人。在他师傅的教育下，他也学会了每当要做出某种判断的时候，需要为自己所做的事情找到某种理由，而且这个理由也是其他人大致认可的；同时，他的好奇心和对知识的渴望又使他总是想将他所遇到的事情都弄个水落石出……能言善辩似乎成为他的第二天性，但他给听到这些话的人留下的印象却不是傲慢无理，而只是单纯和热情……随着年龄增长，他的言辞逐渐变得更加谨慎……他的同伴对他更为着迷，甚至带着一点好奇。另外那些孩子喜欢他是因为在同龄孩子之间时常进行的竞技中，他不会以他超出其他孩子的技艺和那些孩子竞争，也不想以此显示自己超出其他孩子。他不会为了逃避失败而放弃努力，他会在下一次做得更好……假如他落败，他不过对落败会心一笑。"

最后，年轻的居鲁士回到他父亲所在的波斯宫廷，并于公元前559年继承了王位。希罗多德记录了这个故事。为了不让自己的那个梦成真，阿斯提阿格斯入侵了波斯。但居鲁士打败了他，并在公元前550年左右占领了米底亚。为了报复,阿斯提阿格斯召来当年没听从他的命令杀死居鲁士的哈尔巴格斯的儿子,将其剁碎、烤透、煮熟,然后诱骗哈尔巴格斯吃下。

居鲁士攻击的第二个目标是吕底亚地区,几年后它就灭亡了。对此,除希罗多德记述的一个故事外,没有任何记录记述相关细节。吕底亚国王克罗伊苏斯是位富有传奇色彩的人物。克罗伊苏斯在德尔斐阿波罗神庙祈求神喻,并被告知如果他攻击波斯人,他将摧毁"一个伟大的帝国"。于是他发动了进攻。不过,居鲁士得到了米底亚军队的增援,将克罗伊苏斯赶回了他的首都萨迪斯。随后,波斯军队爬上了一堵据说无法攀越的城墙,这座城市就沦陷了。克罗伊苏斯摧毁的那个伟大的帝国正是他自己的国家。

公元前540年,居鲁士开始攻击下一个目标——巴比伦。作为一个有着千年历史的伟大帝国的首都,巴比伦曾一度陷入困境,直到公元前500年初在尼布甲尼撒的统治下得到复兴。在此期间,尼布甲尼撒洗劫耶路撒冷,俘虏了许多犹太人,这一事件在《圣经》中有生动的记载。然而,在居鲁士的时代,巴比伦已经成为一个弱国,因为它的国王拿波尼度已经出走了十年,把

▲ 国王阿斯提阿格斯派哈尔巴格斯杀死年轻的居鲁士

这座城市交到儿子贝尔沙泽的手中。拿波尼度的出走可能是因为他想延长阿拉伯的贸易路线——这种做法似乎让他不受拥戴，或者他本身就不受拥戴，因为当他回来时，他把所有巴比伦众神的雕像从避难所带到首都保存。不管是什么原因，这给了居鲁士一个机会，使他把自己塑造成了巴比伦宗教的捍卫者。

公元前539年秋天，居鲁士入侵巴比伦，先是在首都北部的奥皮斯城取得胜利，随后似乎没有遭到太多抵抗便占领了巴比伦。根据希罗多德的说法，波斯人是这样做的：他们通过改变幼发拉底河的流向，降低水位，直到可以跨过河床。拿波尼度被俘虏，随后从历史中消失，生死不明。

居鲁士在黏土资料中记录了征服的过程，这份资料被称为"居鲁士圆柱"，是一份旨在证明其征服正当性的公关文件。其中指出拿波尼度是不稳定和不虔诚的，伟大的恩利尔神选择居鲁士带来和平，居鲁士通过修复神殿，允许难民返回和重建首都带来和平。圆柱上还写着："我把被集中到这里的神像送回了它们的宫殿，使它们居住在永久的居所之中。我召集所有的居民，使他们回到他们的居住地。"结果"所有贵族和官员在居鲁士面前鞠躬并亲吻他的脚，他们的脸上闪闪发光"。

居鲁士不仅宽容对待当地的宗教，还允许被俘虏的犹太人返回以色列。或许（正如《圣经》所说），居鲁士实际上资助了耶路撒冷圣殿的重建。事实上，重建是在居鲁士的孙子大流士的带领下进行的，但大家都认为这是居鲁士的功劳。1世纪的犹太历史学家约瑟夫斯引用了居鲁士的一封信："我已经允许居住在我国的犹太人尽可能多地返回自己的国家，重建他们的城市，并在原来的地方建造耶路撒冷的神殿。"然而，约瑟夫斯是在500年后撰写这篇文章的，他并没有为此提供任何证据。

无论如何，犹太人对居鲁士产生了极大的崇拜。先知以赛亚称居鲁士为上帝的"受膏者"，实际上就是弥赛亚，并预言了上帝赐予居鲁士对所有国家的胜利。另一位先知以斯拉称居鲁士曾说过：上帝"已将天下万国赐给我"。

巴比伦之后，居鲁士的下一个目标在哪里？北部和东部还有尚待征服的世界：游牧骑兵斯基泰人的土地。在任命总督和官员统治帝国各地及其子民后，居鲁士可能在公元前530年与斯基泰人的战斗中牺牲。同样，我们没有可靠的记录，只有故事，其中最好的故事出自希罗多德之口。

一个被称为马萨格泰的斯基泰部落，以喝发酵的马奶和另类的性别平等而闻名。他们全副武装，头戴钢盔，腰系战带，无论男女，都手持战斧和弓箭骑马作战。当时，他们由一位名叫托米莉斯的女王统治。

游牧骑兵几乎无懈可击，因为他们像草原上的薄雾一样时隐时现。于是，（在希罗多德的故事中）居鲁士使出一条奸计：他摆了一桌宴席，并摆满葡萄酒，这对喝牛奶的游牧民族来说是新奇的。波斯人佯装撤退后，游牧民族发现了宴席，吃喝之后陷入昏迷。波斯人旋即返回，杀死了大多数人。托米莉斯的儿子被俘，但醒来后就自杀了。为此，托米莉斯发誓报仇："马上离开我的土地……否则我会让你喝下永远也喝不完的血。"在接下来的战斗中，游牧民族摧毁了波斯军队，杀死了居鲁士。托米莉斯找到居鲁士的尸体，用他的血灌满了一个皮囊，然后割下他的头，塞进皮囊里，并说："虽然我还活着并战胜了你，但你却毁了我，因为你用诡计带走了我

居鲁士圆柱

居鲁士圆柱被称为人类历史上第一部人权宣言,上面记载了什么?

居鲁士圆柱只有十英寸[1]长,是国王成就的主要见证,尽管它不一定客观公正。一方面,它遭到损坏,而且文本不完整,另一方面,它在每一次宣传中都为居鲁士的征服和统治辩护。巴比伦国王拿波尼度受到诋毁,居鲁士则被誉为巴比伦利益的捍卫者。关于圆柱上用楔形文字书写的铭文,以下摘录大英博物馆部分译文。

"不适合他们(邪教城市)的仪式每天都在重复,他(拿波尼度)将这样的仪式视作侮辱,于是把每日祭品停了下来。在他心中,对众神之王马尔杜克的敬畏之情走到了尽头。拿波尼度每天都在为自己的城市做更多的恶事。众神之王恩利尔听到了百姓的抱怨,愤怒至极。众神离开了他们的圣殿。众神之灵察看列国,寻找可选择的正直的王。他拉着居鲁士的手,用他的名字叫他,大声宣告他作王治理万有。庇护他的子民的守护神马尔杜克喜悦地看见居鲁士所行的善事和真心,就命令他去巴比伦。他让居鲁士不战而胜。他把那不惧怕他的王拿波尼度交给居鲁士,任其处置。众民、贵族、官员都在居鲁士面前鞠躬并亲吻他的脚,为他的王权欢欣鼓舞,他们的脸上闪闪发光。我是宇宙之王居鲁士,伟大的王、强大的王、巴比伦王、苏美尔国王、阿卡德之王、四方之王。"

▲ 居鲁士圆柱被发现时,已碎成几块,现藏于大英博物馆

---

① 英寸:英制长度单位。1英寸≈0.025米

▼ 居鲁士大帝陵墓,位于今日伊朗的帕萨尔加德。

不管是什么原因，这给了居鲁士一个机会，使他把自己塑造成了巴比伦宗教的捍卫者。

的儿子。现在我要兑现誓言，让你喝下自己的鲜血。"

这是一个生动的故事，但对希罗多德而言，它的真实性可能更多地体现在道德而非细节层面——伟大的领袖不应利用奸计达到目的。

居鲁士统治时间长达30年，建立了一个疆域横跨2500多公里的帝国，这是到当时为止世界上最大的帝国，从黑海一直延伸到今天的阿富汗。他的儿子冈比西斯和另一个后代大流士，把帝国扩展到了埃及、利比亚和印度。如此之大的帝国很难长久。公元前330年，亚历山大大帝打败了波斯人，阿契美尼德人走到了辉煌的终点。

然而，居鲁士治理国家的方法仍在历史的走廊里留有回响。学者们一致认为，他作为一个帝国统治者的成功在很大程度上归功于他的政府形式，即平衡中央管理与地方自由。他的制度被后世朝代保留下来，且持续了1000多年，直到7世纪波斯被阿拉伯人所征服。

居鲁士圆柱中对宗教自由和正义的承诺极具现代性，以至在20世纪70年代伊朗国王称之为"历史上第一部人权宪章"。当然，也有人认为它与现代性并不相干，就像一种自吹自擂的宣传。不过，伊朗仍将其视为国家认同的基石。

人们认为居鲁士的陵墓在伊朗南部设拉子附近。陵墓矗立在岩石基座上，靠近居鲁士的首都帕萨尔加德——后来他的儿子冈比西斯将之改称苏萨。没有确凿的证据表明墓主就是居鲁士。据说亚历山大大帝曾在居鲁士下葬两个世纪后前来祭拜。如果这真是亚历山大祭拜的那座居鲁士的陵墓，那么上面应该有一段早已消失的铭文，其中一个版本是："过路人，我是居鲁士，我为波斯人建立了这个帝国，并且成为亚洲之王。不要因此而仇恨我和我的陵墓。"

规模很重要

阿契美尼德帝国的疆域如此之大，以至于它很快就被称为宇宙帝国。随着朝代更迭，它的边界处于不断变化中。尽管如此，波斯的影响力从地中海一直蔓延到印度，其风格特征在大多数文化中都有体现。

黑海

马其顿

亚述

萨迪斯

希腊

地中海

埃及

帝国的中心

有证据表明，居鲁士大帝选择了波斯波利斯作为阿契美尼德帝国的首都，但建造露台和宫殿的却是大流士一世，这些遗迹至今仍保留着。

波斯波利斯

体系结构

波斯建筑的典型特征是兼收并蓄，融合了亚述、埃及、米底亚和亚细亚希腊的元素。因此，它的建筑具有独特的波斯风格，这种风格有别于其他世界各地的建筑。

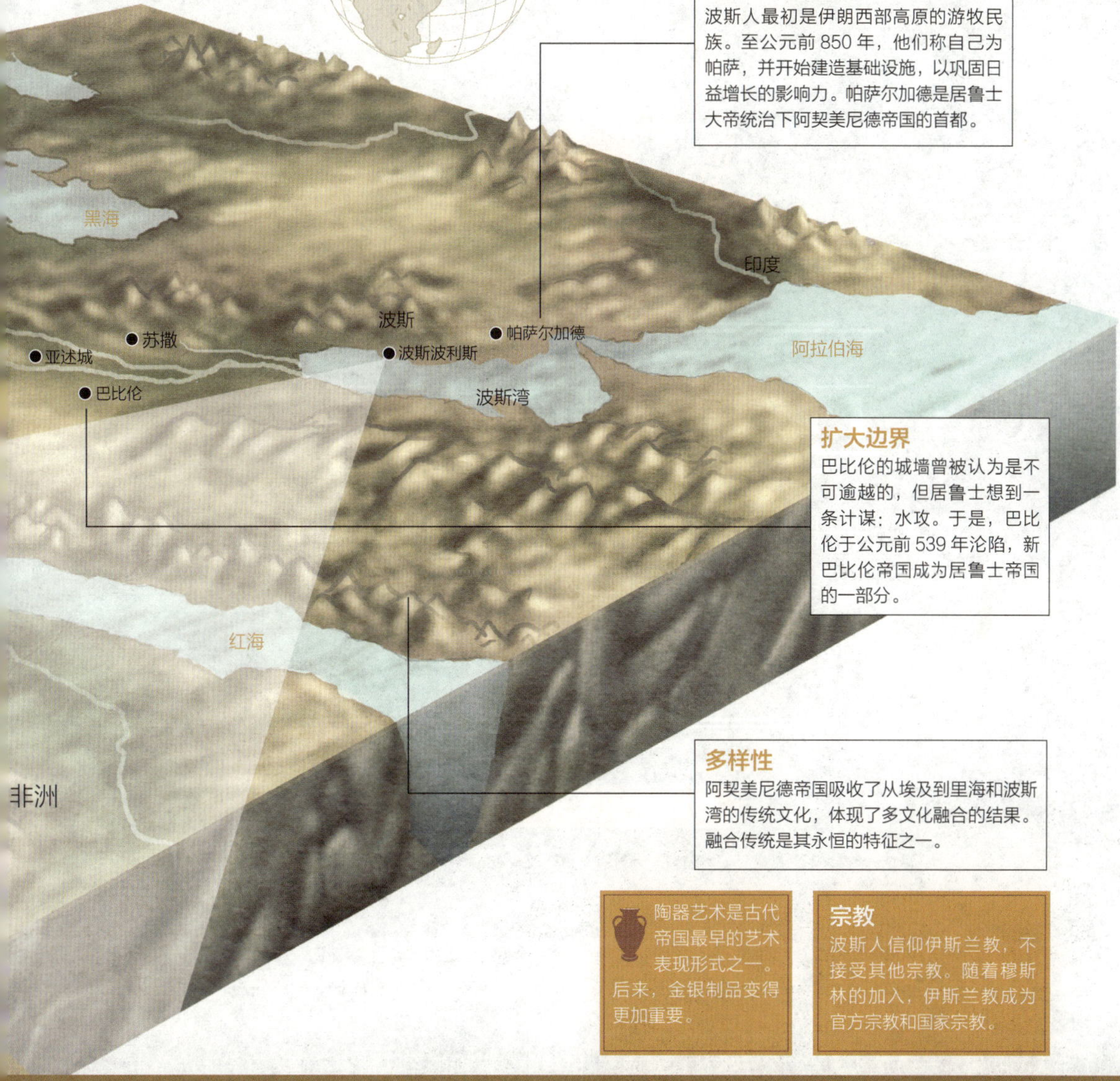

波斯人的发祥地
波斯人最初是伊朗西部高原的游牧民族。至公元前850年,他们称自己为帕萨,并开始建造基础设施,以巩固日益增长的影响力。帕萨尔加德是居鲁士大帝统治下阿契美尼德帝国的首都。

黑海 · 亚述城 · 巴比伦 · 苏撒 · 波斯 · 帕萨尔加德 · 波斯波利斯 · 波斯湾 · 印度 · 阿拉伯海 · 红海 · 非洲

扩大边界
巴比伦的城墙曾被认为是不可逾越的,但居鲁士想到一条计谋:水攻。于是,巴比伦于公元前539年沦陷,新巴比伦帝国成为居鲁士帝国的一部分。

多样性
阿契美尼德帝国吸收了从埃及到里海和波斯湾的传统文化,体现了多文化融合的结果。融合传统是其永恒的特征之一。

陶器艺术是古代帝国最早的艺术表现形式之一。后来,金银制品变得更加重要。

宗教
波斯人信仰伊斯兰教,不接受其他宗教。随着穆斯林的加入,伊斯兰教成为官方宗教和国家宗教。

波斯的不死军

波斯军队带来的所有恐怖中,最令人恐惧的是"不死军",这是一群精锐的战士,由于他们不会在战斗中死去而被称为"不死军"。当一万名步兵中的一人倒下时,其他士兵会立即顶上,从而保持了兵团作战的凝聚力和战斗力。

不死军手持短矛,矛尖上有金或银的标志,以区分等级。短小的矛作战时有一定的局限性。于是,他们还会携带一个短弓和箭袋。这使他们能够灵活地改变作战范围,瞬间切换到远程战斗。

不死军在公元前525年坎比西斯二世征服埃及的过程中扮演了重要角色。大流士一世分别于公元前520年和公元前513年入侵印度较小的西部边疆王国(西旁遮普和信德省,以及今天的巴基斯坦)和西徐亚,不死军也发挥了很大作用。此外,不死军还参与了公元前480年对斯巴达人的温泉关战役,并在公元前479年波斯占领希腊时,加入到马多尼乌斯率领的占领军。

马其顿帝国

亚历山大大帝统领着世界上最令人生畏的军队，
通过武力建立起一个庞大的帝国。
他被称为英雄、暴君，乃至神。

詹姆斯·霍尔 / 文

国王腓力二世死得很快，血色浸透了他的白袍。国王的私人卫队成员鲍舍尼亚斯用匕首刺入了主人的肋骨。一场充满欢笑的公主婚礼，变成了充斥着尖叫和哀号的葬礼。刺客骑马逃离现场时被一根藤蔓绊倒，随即被追赶而至的卫兵用长矛残忍地刺死。浑身是血的腓力二世死得跟他生前一样：身边充满了阴谋诡计。他的遗产将在整个中亚和中东留下血腥的足迹。

从公元前359年到前336年，马其顿国王腓力二世经过23年的统治，从居于高地且落后野蛮的部落统治者变身为希腊王国和城邦的霸主。马其顿王国的领土覆盖现代希腊北部、阿尔巴尼亚、保加利亚和马其顿的山地区域。腓力二世通过战争、军事联盟和联姻，把马其顿军队打造成古代世界上最令人畏惧的战斗力量之一，他要让仇敌波斯的阿契美尼德王朝血流成河。就在一个世纪前，波斯的军队曾使希腊人在希波战争中蒙羞。年仅20岁的亚历山大三世继承王位后，成为这架濒临战争边缘的军事机器的首领，他本人也乐于带领国家投入战斗。他就是被后世奉为传奇的亚历山大大帝。

亚历山大从出生起就被培养成为一位伟人。他确实不是娇生惯养的王子。在禁止一切奢侈行为的严厉的莱昂尼达斯、利西马科斯两位将军和哲学家亚里士多德的指导下，他成为精通武器、骑马和竖琴，并在伦理学、哲学和辩论技巧方面颇具专长的人。他每天都进行潘克拉辛训练，这是一种古希腊武术，侧重于野蛮的扭打、出拳、

亚历山大大帝

希腊，公元前356年—前323年

简介 亚历山大在他父亲被谋杀后成为马其顿国王，率领希腊人与强大的波斯帝国作战。凭借个人魅力和聪明才智，他在前线建立起一个从利比亚延伸到印度的帝国，为希腊文化创造了一个新的黄金时代。

▲ 图为亚历山大大帝镇压希腊叛乱

踢腿和锁喉。此外,他还受过征服技巧和统治知识方面的教育。16岁时,当他的父亲在远离家乡的地方作战时,他以摄政王的身份统治着马其顿,平定了色雷斯部落的叛乱,建立了一个全新的城市——亚历山大城,这也是第一座以其名字命名的城市。

就如在此前后的许多文明一样,古希腊人喜欢八卦。他们说,腓力二世的死缘于他那遭到遗弃的同性情人帕夫萨尼亚斯的报复,但受益者却是另两位。其中一位是亚历山大的母亲、腓力二世已经失宠的妻子奥林匹亚——当时面临着被腓力二世的年轻新宠克利奥帕特拉·攸瑞迪丝夺去王后之位的危险。另一位便是亚历山大本人,他迅速处决了其他所有王位竞争者,并镇压了整个希腊的叛乱。奥林匹亚则为巩固地位,把攸瑞迪丝及其女儿活活烧死。

亚历山大的伟大榜样是那些神话中虚幻的英雄。由于父母双方家世都充满传奇,亚历山大很难不相信自己拥有特殊的命运。据说,他父亲是赫拉克勒斯的后裔——赫拉克勒斯是宙斯和阿尔克墨涅的儿子,因完成了12项被誉为"不可能完成"的任务而闻名。而他母亲的家族则崇拜阿喀琉斯,这是位传说在特洛伊围城战中刀枪不入的胜利者。雄心勃勃的新国王亚历山大看上去确实在顺应天命。他刻意让一切决定都有预兆,尽力表现出听从命运的安排。他会在鸟儿的飞行中寻找意义,在每一个转折点都询问神谕。其实他把命运牢牢掌握在自己手中。他有意识地神化自己,让人认为他的成就远远超过腓力二世,将他的英雄经历奉为传奇。在不到十年的时间里,他摧毁了曾经强大的波斯帝国,并将疆域从利比亚扩展到印度,建立了一个强大的帝国。

恰当地说,这场征服的开始宛如神话。公元前334年初,亚历山大整顿腓力二世的侵略大军,带领4.7万名来自马其顿和希腊王国的士兵和雇佣兵,越过了连接黑海和地中海的达达尼尔海峡及小亚细亚和欧洲的狭窄海峡。这位未来的皇帝全副武装,头戴巨大的羽饰头盔,身穿金色铠甲。他从战舰跳下,将长矛掷向空中。长矛呼啸着一头扎进小亚细亚毫无防御的土地,战争随即打响。经此一役,亚历山大将国土面积扩张到20多万平方英里①,但也造成了7.5万到20万人死亡。

在现在土耳其的海岸线上,当年到处都是被波斯侵略者统治着的希腊城市,其中特洛伊对亚历山大具有特殊意义。据说特洛伊是其母系祖先阿喀琉斯最著名的胜利和悲剧故事的发生地。亚历山大在征途中一直携带记载特洛伊战争的书——荷马史诗《伊利亚特》(来自他的导师亚里士多德的礼物),并经常引用。他还曾让人打开阿喀琉斯的坟墓,以便致敬。随后他骑马前往附近的希腊智慧女神雅典娜神庙,神庙因传说供奉着阿喀琉斯的武器而充满血腥和英雄主义的气息。在那里,他取下一个盾牌,换上自己的。对于阿喀琉斯,亚历山大不仅因特别的家族联系而感到自豪,也想继承这位古希腊最伟大英雄的衣钵,并超越他。

以上所为到底是用来激励军队的宣传噱头,还是出于真实的信念?从亚历山大身上具备的强烈的实用主义思想和野心来看,或许两者皆有可能。而这两种特质又成为一种危险而不可预测的结合,使他成为战场上最具标志性的将军之一。

① 平方英里:英制面积单位。1平方英里≈2.589平方千米

格拉尼库斯河战役(公元前334年)

亚历山大对波斯帝国的首次胜利

亚历山大新组建的入侵大军与波斯之间的首次正面战斗,是亚历山大标志性战略的最好例证。他先用重骑兵撬开敌人最薄弱的防线,再用训练有素的步兵迫使敌人大乱阵脚。而这有赖于马其顿军队的专业性,以及其核心部队的独特才能。可见,亚历山大知道如何最好地继承并利用他父亲留下的军队。

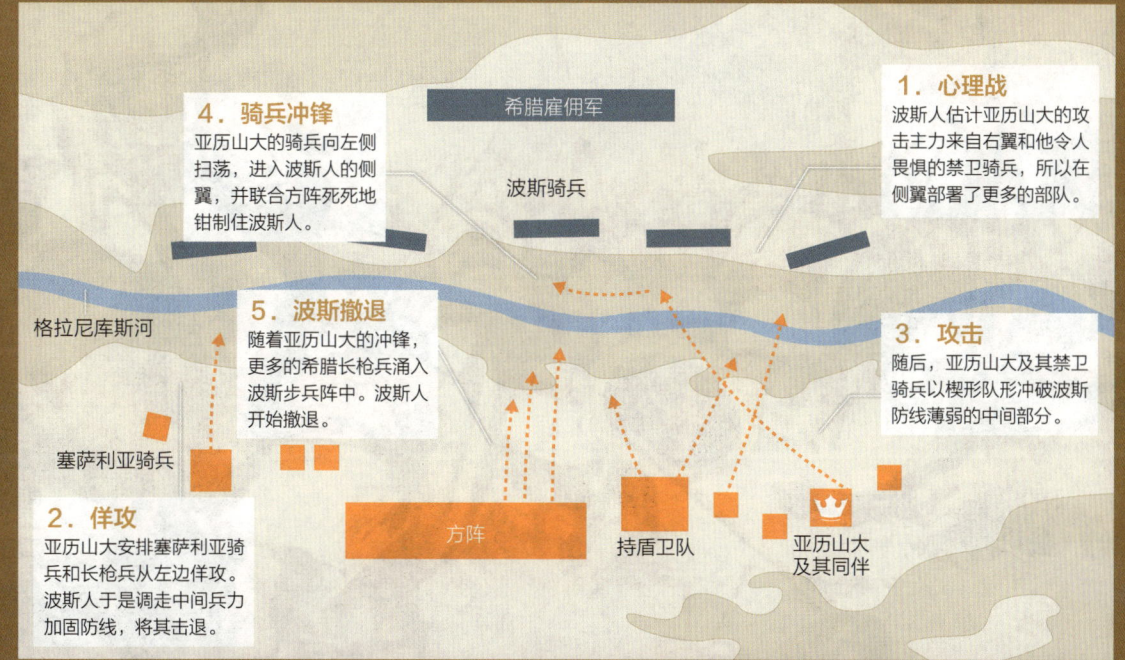

1. 心理战
波斯人估计亚历山大的攻击主力来自右翼和他令人畏惧的禁卫骑兵,所以在侧翼部署了更多的部队。

2. 佯攻
亚历山大安排塞萨利亚骑兵和长枪兵从左边佯攻。波斯人于是调走中间兵力加固防线,将其击退。

3. 攻击
随后,亚历山大及其禁卫骑兵以楔形部队冲破波斯防线薄弱的中间部分。

4. 骑兵冲锋
亚历山大的骑兵向左侧扫荡,进入波斯人的侧翼,并联合方阵死死地钳制住波斯人。

5. 波斯撤退
随着亚历山大的冲锋,更多的希腊长枪兵涌入波斯步兵阵中。波斯人开始撤退。

"其实他把命运牢牢掌握在自己手中,有意识地把自己塑造成一个与其成就相称的传奇。"

公元前334年,亚历山大第一次与波斯人交战,很快就在他心爱的特洛伊城外的格拉尼库斯河战役中取得决定性胜利。一场由亚历山大在前线亲自指挥的佯攻,将强大的波斯军队和久经沙场的希腊雇佣军引入圈套,防线被分散开来,遭致马其顿骑兵毁灭性的打击。亚历山大作为解放者受到小亚细亚的希腊臣民的欢迎。为进一步争取当地居民的支持,他采取怀柔政策,任命了地方统治者,允许其相对独立,同时通过新的中央税收制度,确保其仍在自己的控制之下。

由于小亚细亚广阔地区控制在波斯强大的海军手中,亚历山大选择分散战船,而非自不量力地打一场海战。他先是沿着海岸行军,从陆路攻陷了敌人最大的军港哈利卡纳苏斯(现在土耳其的博德鲁姆)。马其顿军队击穿了城墙,波斯人不得不放弃这座城市。公元前333年,由于地方统治者的无能,亚历山大几乎没有遇到任何抵抗就占领了卡帕多西亚。波斯末代君王大流士三世再也无法忍受这种屈辱,旋即率领一支人数两倍于希腊的军队,在伊苏斯与亚历山大交战。这场战役意义非凡。若亚历山大战败,那么大流士的军队将和其强大的海军联手,亚历山大只能止步于海岸线上取得的微弱胜利,进而使其全局胜利乃至希腊文明摆脱东方邻国侵略威胁的梦想都化

▼ 在格拉尼库斯河之战中,亚历山大第一次战胜波斯人

▲ 这是一幅描绘亚历山大建立亚历山大城的图画，亚历山大城后来成为古代世界最繁荣的城市

为泡影。于是，与前后许多战役一样，亚历山大在伊苏斯召集各级官兵，利用荣耀与仇恨，在其面前做了一场名副其实的英雄演讲。

3世纪历史学家犹斯丁写道："他通过描述敌人的财富和金钱来激励伊利里亚人和色雷斯人的斗志，而对希腊人则通过回忆历史上屈辱的战争和对波斯人的仇恨来刺激他们。"他曾提醒马其顿人他们曾征服欧洲，也曾多次渴望征服亚洲；并夸口说，世界上没有一支军队能与他们匹敌；还向他们许诺，这场战斗结束后将为他们记功。

胜利女神青睐了亚历山大。希腊军队像一把巨大的镰刀收割着大流士的军队。亚历山大冲锋在前，径直穿过波斯的侧翼，然后直插其后方，迫使大流士惊慌地逃离战场。随着国王的离去，敌人开始了混乱而屈辱的撤退。公元前332年，波斯仅存的港口推罗（位于现在的黎巴嫩境内）和加沙山（位于现在的巴勒斯坦境内）要塞双双沦陷。巴比伦以西绵延的阿契美尼德防线旋即在亚历山大无情的进军之前崩溃。

出乎意料的是，他随后没有将注意力转向敌人暴露在东方的心脏，而是转向西方的埃及和利比亚方向。埃及和利比亚像小亚细亚的希腊殖民地一样欢迎亚历山大成为救世主。由于没有常备军，且全国大部分区域控制在埃及叛军手中，波斯总督不得不将该地区的控制权交给亚历山大。

"亚历山大召集各级官兵，在他们面前做了一场名副其实的英雄演说。"

埃及人认为波斯侵略者不尊重他们的神,或想将亚历山大这种新的军事首领引入国家中心区域,以便利用其虚荣心保护他们的信仰。也许,亚历山大也看到了波斯政权在埃及是多么脆弱,遂想尝试一种不同的政策。他或许是世界上最伟大的将军之一,但他知道武力并不是征服新领土的唯一手段。

亚历山大骑马奔赴锡瓦绿洲,来到以阿蒙(即埃及的宙斯)神谕而闻名的阿蒙神庙。亚历山大被迎入这座古老神庙的内殿,这项荣誉通常只提供给神职人员,而其随行人员只能候在院子里。亚历山大交换神谕的具体细节仍然是个谜,但最终的结果是明确的。亚历山大现在不再仅为一个传奇英雄,甚至阿喀琉斯重生的神话也无法遏制他的野心,他宣称自己是宙斯的儿子。埃及人接纳了这位新的主宰者,并将其尊为法老。虽然亚历山大的同胞们对此并不同意,但至少此时国王没有强迫他们认同。

随军的官方史学家普卢塔克回忆道,"(亚历山大)对野蛮人态度傲慢","他非常自信自己神圣的出身,但对希腊人来说,这是有限度的,他很少认为自己具有神性。"尽管亚历山大"傲慢自大",但他从小就听母亲讲埃及诸神的故事长大,而包括哲学家柏拉图在内的希腊人也曾长途跋涉到这片他们认为是文明发源地的古老土地上学习。站在宏伟的金字塔和庙宇之间,25岁的亚历山大感受到周围存在着一种值得尊敬的古老力量。看到那些早已逝去的神的功绩,他暗下决心,必须做得更好。

于是便有了亚历山大城。这座城市从宽阔的林荫大道和宏伟的庙宇,到防御工事和管道系统,全由亚历山大详细规划。亚历山大城始建于公元前331年,至今仍是埃及第二大城市和最大的海港。它通过跨越地中海的贸易和文化,连接着亚历山大的新世界与旧世界。同时,作为两大文明的交会之地,它成为学习希腊和埃及的宗教、医药、艺术、数学和哲学的中心。这座城市象征着亚历山大热心教育、学习及恩赐的优良品质。不过,黑暗的日子还在后面。

如同死亡天使一样,亚历山大放弃了对阿契美尼德帝国臣民的"解放",转为复仇。此时,亚历山大开始逐渐显露出并非英雄的一面——傲慢、残忍和霸道。这被人们视作暴君的疯狂,而非国王的冲动。

亚历山大在公元前331年的高加米拉战役中,为了再次击败大流士,利用钳形阵形,占领了巴比伦尼亚。之前忠于大流士的地方统治者迅速倒戈,大流士的政权很快瓦解,他也被一位名叫贝苏斯的将军刺死,横尸路边。公元前330年,追击的希腊侦察兵发现了奄奄一息的大流士。他们怀着怜悯之心,也许是对这位他们曾在高山和沙漠中追逐的敌人的尊敬,从附近找来泉水喂给垂死的国王。贝苏斯宣称自己成为沙罕沙,但他的王位华而不实,只有少数几个边疆省份掌握在这位篡夺者沾满鲜血的手中。作为220年来古代世界最大的帝国,波斯帝国曾经辉煌一时,最后却在羞辱和背叛中灭亡。

在击败了波斯人在波斯门这一狭窄通道的最后抵抗后,亚历山大最终占领了波斯首都波斯波利斯。公元前480年,为了报复波斯人对雅典的洗劫,权迷心窍的亚历山大将波斯人伟大的宫殿付之一炬。随着他将第一支火炬投进宫殿,抢劫和焚烧遍布了整个城市。波斯的祭司被杀,妇女被迫嫁给入侵的士兵。琐罗亚斯德教曾预言将有"愤怒的、头发蓬乱的种族的恶魔"到来,波斯的圣人们现在意识到,恶魔真的来了。

就像大流士一样,贝苏斯被残暴、武断的亚历山大追赶到了现在的乌兹别克斯坦和阿富汗。亚历山大一路骑马穿越了几乎没有补给的沙漠。他扶起途中倒下的士兵,并给他们鼓劲。作为一

浸透鲜血的土地

亚历山大强大的帝国是如何年复一年地发展起来的？
一些城市又是如何跟随他的脚步建立的？

1 斯巴达
公元前336年
斯巴达是希腊唯一一个不受马其顿控制的地区。腓力二世曾对其发出警告，称将对其进行强攻，后果自负。斯巴达人只是简单地回答："如果有那一天的话"。后来，腓力二世和亚历山大都未对斯巴达采取行动。

2 整合
公元前335年—前334年
在亚历山大统治的头两年，他镇压了希腊各邦的起义，王位稳固后率军进入小亚细亚。

3 土耳其
公元前334年—前333年
亚历山大的军队猛攻土耳其海岸，占领了最早由希腊殖民者开拓的城市，任命新的总督并开始征税。

4 叙利亚、黎巴嫩、巴勒斯坦、以色列
公元前332年
因为推罗（现在的叙利亚）抵抗亚历山大的围攻，亚历山大攻破城市后将推罗人卖为奴隶，将如今的黎巴嫩、巴勒斯坦和以色列并入他的帝国。

5 埃及、利比亚、伊拉克、科威特、伊朗
公元前331年
亚历山大顺利进入埃及和利比亚部分地区之后，穿越幼发拉底河和底格里斯河，打败波斯人，赢得了巴比伦和美索不达米亚（现在的伊拉克和科威特）以及波斯（现在的伊朗）的一大块土地。

6 伊朗、乌兹别克斯坦、土库曼斯坦、吉尔吉斯斯坦、塔吉克斯坦、阿富汗
公元前330年—前328年
亚历山大占领并烧毁了波斯首都波斯波利斯，宣布拥有对波斯其余地区的统治权，并在波斯荒芜的边境（现在的阿富汗和塔吉克斯坦、乌兹别克斯坦、土库曼斯坦和吉尔吉斯斯坦的部分地区）镇压了数个反叛部落。

7 巴基斯坦、克什米尔、印度
公元前327年—前326年
穿过兴都库什山脉，亚历山大到达印度北部，并开始了一场针对不同部落和王国的艰苦战役。在军队拒绝继续进攻之前，亚历山大宣称已占领现在的巴基斯坦、克什米尔和印度北部的一些地区。

位魅力超凡的领导人，即使在最血腥的战役中，他也不忘鼓舞疲惫的士兵。最终，贝苏斯的信念崩溃了。由于军队毫无战斗力，他不得不在希腊人到来前烧毁庄稼和商铺，这是为了减缓亚历山大可怕的追击而做的最后一搏。耐人寻味的是，曾经背叛大流士的贝苏斯，最终被手下交给了希腊人。亚历山大下令割去贝苏斯的鼻子和耳朵，押解回波斯钉死。这是波斯人惩罚叛徒的方式。

这次横穿波斯及其最遥远边境的暴行，并非亚历山大第一次下决心展示其凶残的本性。公元前334年，他率领部下步入深及下颌的大海中，不准退回岸边。士兵因为潮汐随着风向改变才幸存下来。公元前332年，这种纯粹的血腥思想与对推罗的残暴行为结合在一起，酿成了第一次骇人听闻的屠杀。推罗人相信岛屿要塞无法从陆地攻破，拒绝向亚历山大投降。于是，亚历山大决定发动围城战。他封锁了港口，使波斯海军无法靠近。围城持续了7个多月，在此期间亚历山大下令修筑一条通向推罗的堤坝。这是一项令人难以置信的宏大工程，可以使推罗进入投石器的射程之内。推罗很快就被攻破，亚历山大将怒火发泄在城里的居民身上。推罗的4万居民，有2000人被钉在海滩边的十字架上，4000人在战斗中丧生，少数人被赦免，3万多人被卖为奴隶。

公元前327年，令人难以置信的工程和血腥的复仇行动在发生于印度北部的阿勒诺斯战役中重演。亚历山大历时七天七夜临时搭起一座木桥，横穿山间峡谷，随后对当地部落进行了屠杀。同样讲希腊语的布朗寄达伊人曾张开双臂欢迎亚历山大，但当亚历山大发现他们的祖先曾与阿契美尼德人合作过，他还是袭击了他们。其他抵抗者则或是因投降太晚而被杀害，或是得到可

亚历山大的军队
古希腊人是如何战斗和征服的

1. 禁卫骑兵
优势： 训练有素，楔形阵形容易转弯，装备重型青铜盔甲。
弱点： 易受紧密包围的步兵的攻击。
亚历山大是如何部署的？
由亚历山大亲自率领的马其顿禁卫骑兵是所向披靡的马其顿骑士。他们通常驻扎在右翼，用木矛冲破敌人的防线，然后转身冲锋。

2. 塞萨利亚骑兵
优势： 训练有素，机动的菱形阵形，装备各式武器。
弱点： 盔甲比大多数重骑兵轻。
亚历山大是如何部署的？
与禁卫骑兵相似，塞萨利亚骑兵盔甲较轻，长矛和标枪较短，是灵活机动的防御兵种。他们驻扎在左翼，可以到达任何地方击退攻击者。

3. 重装步兵
重装步兵是希腊城邦最基本的步兵。
优势： 战术随机，适应性强。
弱点： 训练少，装甲轻。
亚历山大是如何部署的？
重装步兵是来自希腊其他城邦的配备武装的公民，也是军队的主要部分之一。他们战术随机，但未必如其他兵种那样训练有素或装备精良。重装步兵被放置在方阵后方，以防止军队被包围。

4. 方阵
优势： 方阵阵形对骑兵是毁灭性的，其训练有素，移动迅速。
弱点： 侧翼和后方易受攻击，装备有限。
亚历山大是如何部署的？
亚历山大的父亲缔造了一支训练有素、行动迅速的长矛兵部队。他们用18英尺①长的萨里萨长矛，从令人生畏的马其顿方阵内发起进攻。方阵部署在战线中央，可以移动牵制敌军的骑兵或步兵。

---
① 英尺：英制长度单位。1英尺≈0.304米

▼ 左图为亚历山大大帝及其军队与印度军队作战的画面

以安全撤离的许诺，却被引诱进入马其顿布满长矛的方阵。

血腥的行为愈演愈烈，洗劫、焚烧、奴役和谋杀染红了亚历山大的功劳簿。似乎离家越远，他的行为就越残暴。

虽然征服的回报——劫掠、女人、财富和荣耀——是巨大的，但希腊人不仅开始厌倦越来越远且永无休止的战争，而且开始厌倦亚历山大日益膨胀的野心。这位来自希腊野蛮腹地的君主开始穿着波斯长袍，训练波斯人加入军队，并坚持让朝臣们行跪拜礼，这是过去波斯国王的礼仪，但对希腊人而言却是对尊严的侮辱，因为希腊人一直以从不向君主鞠躬为荣。可现在亚历山人还希望自己被当作神来崇拜。

公元前328年，这种不满情绪终于在一次庆祝活动的酒后爆发。当时，曾侍奉腓力二世并在战斗中救过亚历山大一命的马其顿老将——绰号"黑发"的克里图斯，怒不可遏地转向亚历山大，对他说如果没有腓力二世的成就，他就一钱不值；他现在所拥有的一切都是马其顿人用鲜血和牺牲换来的。盛怒之下的亚历山大更像是一个任性的孩子而非一位君主，他将一个苹果扔向将军的头，并命令侍卫拿来一把匕首或长矛。在场的人由于担心事态升级，很快将克里图斯从房间里推了出去，试图让他们的君主冷静下来。或许克里图斯没有来得及出去，或许是他又折返了，总之他竟不计后果地继续发泄怒气，直到被亚历山大的标枪射入心脏。

克里图斯是第一个挑衅国王的人，但不是最后一个。公元前327年，亚历山大发现有王室侍从密谋杀害他，于是用石头将其砸死。同年末，他又对多年的盟友进行了一次绝情的攻击。卡利斯蒂尼是亚历山大的导师亚里士多德的侄孙，也是亚历山大的随从中众多历史学家之一。他对亚历山大的虚荣心日益不满，便引用亚历山大心爱

5．持盾卫队
持盾卫队是亚历山大的近距离突击部队。
优势：战术多变的近战专家，训练有素的老兵。
弱点：易受骑兵和步兵的攻击。
亚历山大是如何部署的？
作为马其顿的精锐突击部队，持盾卫队带着巨大的圆形盾牌，推开长矛和剑的攻击。他们被安置在禁卫骑兵的侧翼，对其进行保护。在封闭空间里他们的杀伤力是毁灭性的。

6．轻骑兵
优势：容易替换，一些轻骑兵还持弓箭。
弱点：装备参差不齐，盔甲由皮革或亚麻布制成。
亚历山大是如何部署的？
轻骑兵由来自希腊其他城邦的轻骑兵和装甲骑兵，以及在亚洲征召的当地骑手组成。随着传统的希腊重骑兵数量减少，亚历山大愈发依赖轻骑兵。

波斯门战役（公元前330年）

亚历山大转败为胜，占领了波斯首都

亚历山大若在此役失败，波斯将被篡位者贝苏斯瓜分，并容易遭到来自中亚的反抗和入侵。尽管因波斯的伏击而遭遇罕见的惨败，亚历山大还是利用当地有利的地形以及顽强的散兵伏击了波斯人，并集中两支部队将其歼灭。历史学家称这场胜利是"彻底的"和"决定性的"，这使亚历山大得以毫无悬念地占领古都波斯波利斯，并攫取巨大财富。亚历山大在离开这座城市时，将之付之一炬。

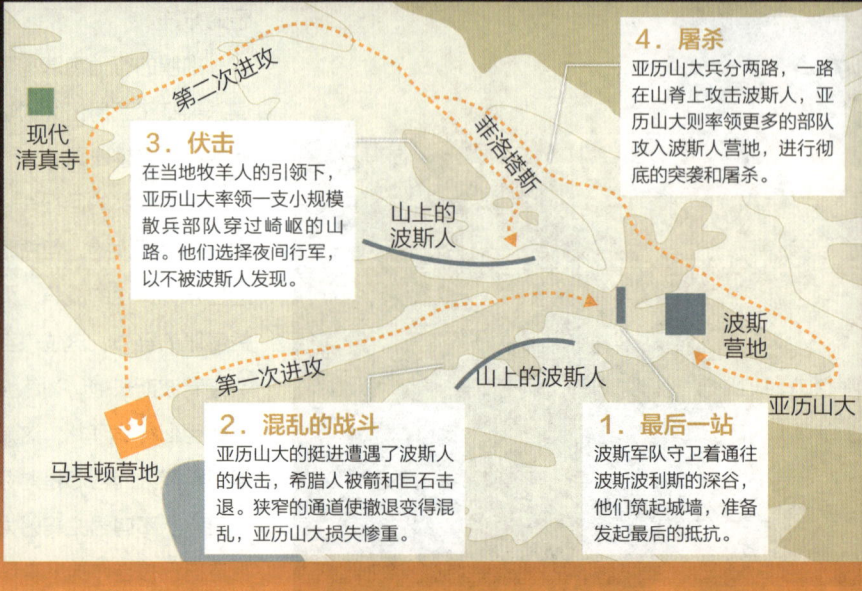

1. **最后一站** 波斯军队守卫着通往波斯波利斯的深谷，他们筑起城墙，准备发起最后的抵抗。

2. **混乱的战斗** 亚历山大的挺进遭遇了波斯人的伏击，希腊人被箭和巨石击退。狭窄的通道使撤退变得混乱，亚历山大损失惨重。

3. **伏击** 在当地牧羊人的引领下，亚历山大率领一支小规模散兵部队穿过崎岖的山路。他们选择夜间行军，以不被波斯人发现。

4. **屠杀** 亚历山大兵分两路，一路在山脊上攻击波斯人，亚历山大则率领更多的部队攻入波斯人营地，进行彻底的突袭和屠杀。

的《伊利亚特》中的一句话嘲弄道："普特洛克勒斯是比你更好的人，但他仍逃离不了死神的魔爪。"换言之，你不是神，将会像我们一样死去。亚历山大于是指控卡利斯蒂尼是前述侍从的同谋，将其处死。

这就是帝国灭亡的前奏。已经相信自己是神的亚历山大，要求他的臣民献上更多的胜利。亚历山大坚信已来到世界的边缘，期待看到古希腊人所说的环绕大陆的海洋，从而由此返回家园。于是，他把军队推向印度。军队翻山越岭，持续作战，赢得了一场代价高昂的胜利——在印度河河岸战胜了波拉斯国王派出的200头战象。2.2万公里的行军和8年的战斗使亚历山大的军队早已疲惫不堪，加之雨季来临，洪水和疾病肆虐，军队伤亡惨重。谣言在军营里流传：印度比他们以前听说的要大，而且拥有比波拉斯更强大的军队。

将军们深知批评亚历山大的严重后果，于是小心翼翼地向贵族求助。科恩是亚历山大最信任的指挥官之一，他恳求亚历山大让将士们回家与家人团聚。科恩滔滔不绝地说道："我们已经取得了如此辉煌的成就，难道不应该现在停止进攻的脚步吗？您可以看到最初随您征战的军队已经所剩无几。"他总结道："陛下，懂得适可而止是伟人的一种素养。"

战神亚历山大勉强答应了。他在河岸上为狄俄尼索斯建造了一座神庙，并留下"亚历山大在此止步"的铭文。他建造了一支平底船舰队开始了漫长的回家之旅。亚历山大大帝的征服始于荷马的《伊利亚特》——一个关于胜利和征服的故事，终于《奥德赛》——一次绝望的返乡之旅。

更多的悲剧和胜利等待着亚历山大和他的军队。经历了与印度王国的长期战争后，他们计划沿印度河向阿拉伯海航行，再航行到波斯的南部海岸。然而，许多人将永远看不到家乡。公元前325年初，在与旁遮普的马尔希人的一场战斗中，亚历山大差点丧命。一架攻城梯在他身后倾倒，使他困在了敌人的城墙上，护卫们只能在城

亚历山大受伤

这位英勇的国王在位期间一直四处征战，当然也因此遍体鳞伤

头部被弯刀砍中
在格拉尼库斯河战役（公元前334年）中，亚历山大的头盔被波斯贵族罗萨斯砍成两半。亚历山大头晕目眩，但伤势不重，很快恢复了知觉，用矛头刺向对手的胸部。

肩膀被飞镖击中
公元前327年，亚历山大包围巴基斯坦的斯瓦特山谷时，被飞镖击中。由于盔甲的保护，飞镖没有穿透他的肩膀。但为了报复，希腊人屠杀了所有俘虏。

头部和颈部被石块击中
公元前329年，亚历山大在现在的塔吉克斯坦的塞洛波利斯镇压了一场叛乱。当率领士兵穿过一条干涸的小溪来到城墙下时，他被一块石头击中，随后头部又在巷战中受到重创。

胸部被弹丸击中
公元前332年，亚历山大得到一个预兆，说他将在围攻加沙中受伤。他冒险靠近城墙时，果然被一枚弹弓发射的弹丸击碎盾牌，穿透盔甲，最终射入胸膛。史学家阿里安回忆说："其伤势很重，不易治疗"。

肺部被箭刺穿
在希腊人沿印度河撤军途中，亚历山大的部队包围了旁遮普的一个小镇。印度人爬上城墙，抽走梯子，切断了亚历山大的退路。在这场战斗中亚历山大肺部中箭，浑身是血，但仍奋力搏斗，直到大出血。希腊人以为他们的国王已经死了，于是暴跳如雷，屠杀了镇上的居民。

大腿上的剑伤
历史学家尚不清楚这是由谁、如何造成的（有故事说是大流士三世亲自发动了这次袭击），但显然并未伤及动脉，因为就在伊苏斯战役（公元前333年）之后的第二天，亚历山大慰问了伤员，并举行了一场"盛大的军事葬礼"。

腿上的箭伤
公元前329年，亚历山大及其部下在乌兹别克斯坦的萨马尔罕附近被部落成员袭击。有人向国王投掷石块并射箭，其中一支箭击断了亚历山大的腿骨。

脚踝上的箭伤
和祖先阿喀琉斯一样，公元前327年亚历山大围攻马萨加时，被一支箭射中脚踝，导致骨折。随后，印度人的堡垒被夷为平地，居民遭到屠杀。

▲ 公元前335年，亚历山大大帝的军队攻克了希腊城市底比斯

下惊慌失措。即使在战前亚历山大不断征服的梦想像篝火一样被浇灭，他仍然奋力战斗，直到一支箭刺穿他的肺。编年史作家描述了亚历山大的血在空气中弥漫的场景。

亚历山大的军队忠于君主，即使他让他们受尽折磨。将士们以为亚历山大已经战死，于是在城里疯狂地抢劫、杀戮和焚烧，以实施报复。不过，亚历山大并没有死，随后得到包扎，只是病情不稳，身体憔悴，不得不乘船休养。将士们直到在河岸上列队时看到船上的亚历山大，才相信他还活着。

亚历山大安排一支部队侦察波斯湾，自己则率剩余部队穿过现在的伊朗俾路支省——一个人烟稀少的干旱山区和沙漠地区。士兵们气喘吁吁、口渴难耐，却只能穿着破旧的凉鞋在灼热的沙子里跌跌撞撞地走着，耀眼的阳光照射着眼睛，最后成百上千地死去。公元前324年，亚历山大的部队抵达前不久攻下的波斯城市苏萨，不过对他的考验还在继续，他儿时的朋友、坚定的将军——一些历史学家暗示也是他的情人的赫费斯提翁去世了。8月，军队中的马其顿人发生哗变。亚历山大安抚了马其顿人，但失去"用自己的生命来珍惜的朋友"的悲伤却不那么容易平复。

亚历山大的父亲去世时正怀着征服波斯的梦，而公元前323年亚历山大因发烧去世时，仍然怀着更伟大的梦想。他还设想军队向南进入阿拉伯，向西进入迦太基和罗马。追随者们对弥留的国王耳语道："以后谁来领导我们？"亚历山大回答说："最强大的人"。然而，随着他的去

"将士们直到在河岸上列队时看到船上的亚历山大，才相信他还活着。"

海达斯佩斯河会战（公元前 326 年）

亚历山大的旁遮普之战为希腊人打开了印度的大门

尽管付出了损失近千名希腊将士的代价，亚历山大最终还是战胜了人数占优且拥有致命战象的波拉斯国王。这得益于其经典的钳形阵形。波拉斯的失败使印度北部的旁遮普地区对希腊入侵者敞开了大门。但庞大的阵亡人数使亚历山大军队中爆发了哗变。

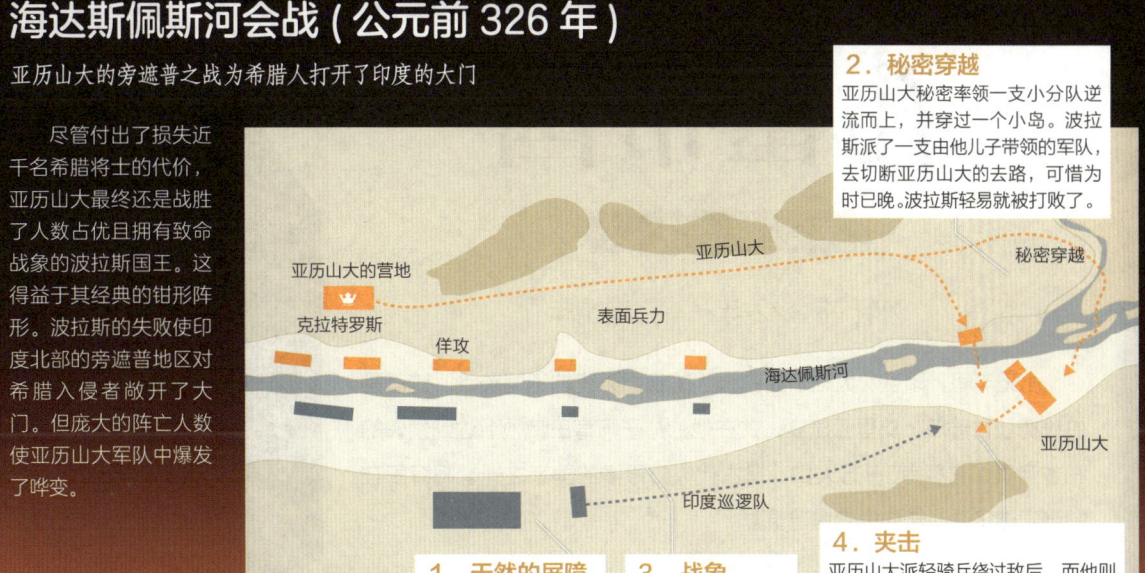

2. 秘密穿越
亚历山大秘密率领一支小分队逆流而上，并穿过一个小岛。波拉斯派了一支由他儿子带领的军队，去切断亚历山大的去路，可惜为时已晚。波拉斯轻易就被打败了。

1. 天然的屏障
为了阻止亚历山大过河，波拉斯国王在因季风而泛滥的希达斯比斯河岸边集结军队。

3. 战象
波拉斯率领四倍于亚历山大的庞大军队和可怕的战象与亚历山大正面交锋。

4. 夹击
亚历山大派轻骑兵绕过敌后，而他则率领重骑兵进攻印度防线中最薄弱的部分。随着双方的进攻和箭头倾泻而下，战象惊慌失措，造成重大伤亡。

世，这个强大的帝国也惨遭分裂。

从作战天赋、领导能力、远见卓识和持久影响来看，亚历山大远远超过了同时代的其他人。也许在他看来，他比旁人"高明"太多，甚至是无与伦比的。他从未在战斗中被打败，一方面得益于其作战技巧、领导能力和训练有素的军队，另一方面则归功于其英勇无畏的精神。

希腊众神的故事之所以经久不衰，不仅缘于其充满英雄主义和理想主义，还缘于众神也有人的缺点，以至他们的故事像一部宇宙级的肥皂剧。就像奥林匹斯山上那些争吵不休的神明一样，亚历山大大帝是暴力的、虚荣的、琐碎的和愤世嫉俗的。但也与众神一样，他凭借聪明才智、个人魅力、武艺和意志力，克服了各种近乎无解的困难，取得了惊人的成就。在随后

▲ 公元前326年，印度国王波拉斯在希达斯比斯战役后向亚历山大大帝投降

的两千多年里，后世帝王一直遵从亚历山大的施政方针，研究他的战术。"被诅咒的亚历山大"的野蛮故事仍然在他入侵过的中东土地上流传。无论怎样，他对后世的影响堪称传奇。

孔雀帝国

艾普尔·美登 / 文

公元前 322 年—前 185 年

136年间,印度次大陆一直由强大的铁器时代的王朝统治。这就是由钱德拉古普塔·莫里亚建立,并在他的孙子阿育王带领下达到顶峰的孔雀帝国。它拥有5千万人口,是古代人口最多的国家之一。阿育王在桑奇建造了这些宏伟的佛塔建筑群。

▲ 罗马的第一任皇帝奥古斯都把罗马帝国建立在稳固的基础之上，使之得以在随后的几个世纪中存续下去

罗马帝国

罗马从意大利台伯河畔的小城，最终发展成主宰地中海世界的帝国。

马克·德桑蒂斯 / 文

和大多数帝国相似，罗马帝国也是浴血而生的。起初，罗马只是意大利中部一个横跨台伯河且四面受敌的小城。在元老院的领导下，罗马大肆扩张，将意大利的部分拉丁民族整合成一个联系紧密的联邦。至公元前3世纪，罗马已削弱意大利中部的萨姆尼特以及北部的伊特鲁里亚的实力。

罗马的扩张仍在继续。向北，它与高卢人发生冲突。高卢人是生活在意大利北部和现代法国的凯尔特民族。两者间的战斗十分惨烈。向南，它则开始挑衅几个世纪前就定居于意大利南部沿海地区的希腊人。此时，伊庇鲁斯王国的杰出的莫洛索伊人国王兼将军皮洛士赶来增援其希腊同胞，并最终战胜强大的罗马军队，但也付出了惨重的代价。

公元前264年，罗马与北非帝国迦太基为争夺西西里的控制权，爆发了第一次冲突。双方进行了一场历时23年、代价极其高昂的战争，最终罗马取得胜利。随后，迦太基才华横溢的将军汉尼拔发动第二次战争，击溃了罗马军队，并入侵意大利。尽管汉尼拔沉重打击了整个西地中海地区，但罗马人历经16年的血雨腥风，最终战胜了迦太基。

公元前146年，罗马前来寻仇，迦太基在第三次也是最后一次战争中被彻底摧毁。此时，罗马帝国的领地已经扩展至整个地中海。战争也波及到多个希腊化国家。它们崛起于公元前4世纪亚历山大大帝建立的世界帝国的废墟中，其中的马其顿王国、塞琉古王国和托勒密王国都很富有，也曾文化繁荣，军事强大，但最终都败给了罗马。

不过，罗马成功的同时也暴露出社会问题。至公元前2世纪，罗马享受着从希腊掠夺的大量战利品，以及从地中海周边掳来的奴隶。然而，

帝国扩张

罗马是如何"来了，看见了，征服了"的：罗马获得领土概述

公元前 5 世纪	意大利半岛
公元前 4 世纪	苏丹
公元前 4 世纪	突尼斯
公元前 4 世纪	摩洛哥
公元前 4 世纪	法国南部
公元前 4 世纪	西班牙
公元前 1 世纪	法国北部
公元前 1 世纪	希腊
公元前 1 世纪	土耳其
公元前 1 世纪	埃及
1 世纪	不列颠尼亚
2 世纪	达契亚（罗马尼亚）
2 世纪	亚美尼亚
2 世纪	色雷斯（保加利亚）

■ 凯撒去世前罗马共和国的领地（公元前 44 年）

■ 奥古斯都去世前罗马帝国增加的领土（公元前 14 年）

■ 图拉真去世前罗马帝国增加的领土（117 年）

高卢战争

这也许是凯撒最伟大的胜利。公元前 52 年的阿莱西亚战役标志着高卢战争的结束。高卢人藏身在阿莱西亚山顶的易守难攻的要塞之中。凯撒并未选择强攻，而是在要塞周围筑起了高墙和壕沟，实质上是制造出一道封锁线，将敌人困死。

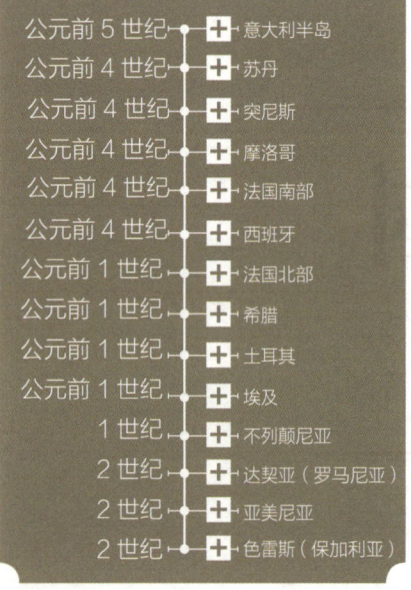

特雷比亚战役

特雷比亚战役发生在公元前 218 年 12 月，是第二次布匿战争的第一次主要战役，由罗马共和国对阵汉尼拔率领的迦太基军队。汉尼拔通过成功地挑起对方将军的正面进攻，无意中将军队引入陷阱而最终取胜。

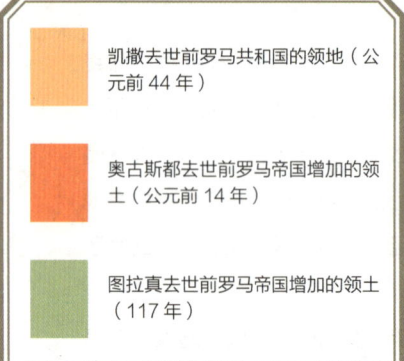

贫富差距随之愈加严重。有钱有势的人作为体制的既得利益群体，阻挠帝国尝试改革的步伐。而那些曾经是强大的罗马公民军团成员的无地贫苦农民，现在则因无力偿还债务而被赶出原有土地，变成了富人庄园中的奴隶。贫困的自由农民涌向罗马寻找出路，导致罗马人口膨胀，城市贫民的数量急剧增加。

虽然罗马仍在开疆拓土，但共和国内部的分歧不断加大。内战在罗马与此前的盟国，甚至共和国内部敌对的将军之间爆发，预示着共和国实力日渐虚弱。公元前 1 世纪初，富有的罗马贵族们开始统领军队。这些军队大多由穷得买不起武器和盔甲的士兵组成。他们退伍后的生计只能依靠将军而非罗马政府，因为此时元老院已因激烈的派系斗争变得四分五裂。事实证明，一个只适合治理城市的政府是无法管理从西班牙到巴勒斯

达契亚战役

101年，图拉真发动了第一次针对达契亚王国（即现在的罗马尼亚）的战役。他越过多瑙河北岸，在塔帕伊击败了达契安军队。然而，罗马军队也伤亡惨重，不得不撤离重新集结。一年后，图拉真再度率军返回，并通过尼科波利斯战役和阿当克里西战役，迫使达契亚国王科迪巴勒斯投降。

突尼斯

伊比利亚的战役胜利后，罗马将军西庇阿将目光投向北非，于公元前203年在突尼斯发动了尤蒂卡战役。和平谈判失败后，西庇阿设计佯攻，随后夜间偷袭并烧毁敌人的营地。

马其顿

公元前168年，罗马在皮德纳战役中与马其顿的安提戈尼德王国的珀修斯国王（亚历山大大帝的后裔）对峙。罗马人凭借其先进的武器和坚固的盔甲轻松获胜，并在地中海沿岸树立了威信，彻底结束了亚历山大的统治。

坦的世界帝国的。像马略和苏拉这样充满野心的将军，背后都有忠于自己而非国家的军队。这显然对罗马不利。

在这些将军中，尤以尤利乌斯·凯撒为重。尽管凯撒多少有些改革者的作风，但其目的主要是为了维护自身利益。当元老院的政治对手反对他时，他拒绝放弃军事指挥权，竟然率领军团入侵意大利，并最终战胜了前者。凯撒从未自封为王，但至公元前44年3月被暗杀前，他实际上一直以独裁者的身份统治着国家。

凯撒死后，罗马再次陷入内战。经过多年的残酷斗争，凯撒的侄子、养子及继承人屋大维战胜了马克·安东尼和他的情人——埃及艳后克利奥帕特拉。共和国落入屋大维的囊中，但也因战争而不堪重负。屋大维这位被称为奥古斯都的杰出领袖，也意识到这一问题，并试图抚平战争带来的创伤。他颇具政治智慧，总是将自己的巨大政治权力隐藏在共和制的行为规范之下。他对那些在多年内战后渴望和平与安宁的元老彬彬有礼，并允许他们通过管理多个行省来参与帝国治理。然而，屋大维仍然把最重要的行省和军事指挥权握在自己手中。

"英培拉多"（Imperator）是屋大维在共和国时期为自己取的头衔之一，意指"指挥官"。这是军团对取胜的将军的敬称，说明了屋大维已对军队拥有绝对控制权。现代英语中的"皇帝"(Emperor)一词就由其演变而来。尽管罗马早在公元前3世纪就建立了帝国，但现代历史学家认为直到公元前27年屋大维登基，"罗马帝国"才正式诞生。屋大维只称自己为第一位元首，而非君主。因此，罗马帝国早期常被称为"元首国"。

罗马帝国在鼎盛时期拥有7千万至9千万人口，其中大部分是非意大利人。屋大维将训练有素的军队派驻在帝国的周边保护帝国的安全。他还创立了禁卫军保护其本人。大约有15万名军团士兵和一定数量的非公民辅助部队拱卫边境。

屋大维的伟大成就之一是使曾参与共和国后期内战的庞大军队和平解散。他所做的一切总是着眼于改善帝国的安全和稳定，对进一步征服并不感兴趣，因为帝国已经足够庞大。相反，他要把自己管辖的疆域改造成一个安全和平的国家。

屋大维的军团能够使罗马帝国各方面都非常稳定，这也使屋大维在公元前27年成为唯一的统治力量。由此至2世纪晚期为止的这段时间，被后世称为"罗马和平"时期。

屋大维身后的罗马帝国，被命名为尤利亚-克劳狄王朝。这个王朝的诸位皇帝简直是个大杂烩。虽然屋大维试图确保帝国在他身后仍然延续稳定，但这并非易事。他的继承人本应是孙子盖尤斯或卢修斯，但可惜都英年早逝。屋大维对此深感悲痛。由于别无他选，他只能让妻子利维娅

▼ 著名的罗马竞技场始建于70年维斯帕先统治时期

带来的养子提比略作为继承人。

提比略于公元14年接任奥古斯都。他是一个不幸的人,但总的来说是位有作为的统治者。不过,禁卫军虽在当时一直对奥古斯都忠心耿耿,但因离王权过近且有意干涉王位的继承,也成为不稳定因素。这对帝国的未来而言是个不祥之兆。提比略的继任者卡里古拉登基时被寄予厚望,但这个年轻人很快就表现出精神不稳定的症状,并于公元41年被禁卫军暗杀。

禁卫军于是推举克劳狄做皇帝,他的统治持续到公元54年。随后继位的是他的养子尼禄。尼禄热爱希腊文化,痴迷艺术,是一位热情的歌手、音乐家和演员,然而他对其他任何事都不太在意。尼禄统治期间,英格兰和犹太都发生了严重的叛乱,尼禄还被公众指责为公元64年罗马城大火的罪魁祸首,但他则试图将罪责归咎于基督徒——罗马一个相对较新的宗教派别的信徒。

内战永远是罗马的祸根。其中最具戏剧性且最可怕的当数公元69年,这一年可谓名副其实的四帝之年。尼禄的统治岌岌可危,至统治末期,国家已被叛乱和阴谋弄得四分五裂。禁卫军对尼禄不再抱有幻想,挑选了另一个人——伽尔巴来接替他。当伽尔巴得到元老院的继任批准后,尼禄选择了自杀。一个世纪前奥古斯都建立的尤利亚-克劳狄王朝走到了尽头。

伽尔巴在位时间并不长。他的吝啬和残忍使许多支持者疏远了他。在统治仅6个月后,心怀不满的禁卫军就将他杀害了。而伽尔巴的继任者奥托统治仅3个月后就被维特里乌斯打败,以自杀告终。随后,罗马东部军团的指挥官维斯帕芗率军在意大利的一场战役中击败并杀死了维特里乌斯。维斯帕芗成为罗马的新皇帝,他继续留在东部,并建立起自己的王朝。

罗马从尼禄死后的混乱中恢复过来。维斯帕芗和他的儿子提图斯以及小儿子图密善一起建

成为罗马人

在漫长的帝国统治时期,许多非罗马人习惯了罗马语言和习俗。

一般来说,罗马人对非罗马人进入罗马帝国持开放态度。罗马人比雅典人、斯巴达人或迦太基人等其他古代著名的文明更愿意给予外国人公民权,这有助于意大利的非罗马人融入罗马阵营,并融合为一个民族。

在意大利之外,高卢人和伊比利亚人等许多民族都采用拉丁语作为母语。这就是为什么法语、西班牙语、葡萄牙语以及意大利语都起源于拉丁语,并被统称为罗曼斯语的原因。

罗马军团营地的出现加速了罗马帝国更广泛的罗马化。罗马军团的营地后来发展成城市,其中许多城市存在至今。一些行省中的人们通过服兵役幸运地获得了公民身份。罗马元老院及时接纳了各省,皇帝也来自意大利以外的地方,比如图拉真和西弗勒斯。

212年,卡拉卡拉皇帝授予所有自由居民公民权,使帝国所有人都成为罗马公民。据说这不是出于慷慨,反而是为了通过扩大纳税公民的数量来增加帝国的收入。

那些想成为罗马公民的人无论其种族出身如何,都接受了希腊罗马文化和帝国价值观,其中包括希腊语和拉丁语及其艺术、文学和城市生活。

▲ 卡拉卡拉在其宪法《安东尼努斯敕令》中宣布罗马帝国的所有居民都将获得自由

▲ 325年，君士坦丁召集尼西亚会议，规定了对耶稣基督本质的神学理解

立起弗拉维王朝。他们都是有能力的统治者，为罗马带来了一个世纪的和平与稳定。虽然图密善不受臣民欢迎，但在他身后涌现出一批深受欢迎的统治者，甚至被称为"明君"。第一位是内尔瓦，他将成年武士图拉真收为养子和继承人，开创了良好的养子继承制。随后，图拉真收养了哈德良，哈德良收养了安东尼·庇护，后者又收养了马可·奥勒留，五人依次担任了皇帝。

　　收养有能力的成年男子成为继承人是确保继承有序的良策，帝国也因之托付给可靠的人。这一时期是罗马帝国的黄金时代，但并未持续多久。马可·奥勒留统治时期，蛮族第一次入侵罗马。奥勒留是一个喜欢沉思、爱好和平的人，他在位的大部分时间都在多瑙河边境的军事营地度

到193年多瑙河军团司令塞普蒂米乌斯·塞维鲁战胜了他的对手佩森纽斯·尼日尔和克洛迪乌斯·阿尔比努斯将军,内战才告一段落。塞维鲁也开启了塞维鲁王朝。

塞维鲁给帝国带来了安全,但他也是一个现实主义者。他告诉王朝的继任者——两个儿子卡拉卡拉和盖塔一定要团结起来,并给士兵多发军饷,其他都无关紧要。这个不错的建议尽管看似平庸,但揭示了罗马本质上是一个军事化的君主制国家,控制军队对维持政治权力来说至关重要。

罗马边境防线的安全问题最早出现在奥勒留统治时期,在随后很长时间里得到控制,但235年亚历山大·塞维鲁遭到暗杀后,问题再度爆发。塞维鲁王朝也随之土崩瓦解。接下来的半个世纪(235年—284年)发生的大灾难被称作"三世纪危机"。帝国因外族入侵、国内叛乱,以及野心勃勃的将军们的篡位所困扰。所有这些都削弱了帝国的力量,使之多次面临崩溃的威胁。比如,哥特人(来自现代俄罗斯南部大草原的日耳曼蛮族)越过边境,闯入地中海,驾船四处劫掠。

而在东方,波斯充满活力和侵略性的萨珊王朝取代了虚弱的阿萨息斯王朝,接管了古老的帕提亚帝国①。萨珊王朝相较之前的统治者治国更加有道,在国王的领导下多次入侵罗马东部省份。253年,罗马城市安提俄克被萨珊人洗劫一空。260年,波斯人甚至在埃德萨(位于现代土耳其)战争中俘虏了罗马皇帝瓦勒良。

边境上的极端压力和无能的中央政府迫使罗马一些行省开始寻求自卫。不列颠和高卢曾一度独立于罗马帝国,叙利亚和罗马东部的许多地方也是如此。在现代叙利亚,巴尔米拉的女王芝诺

过,抵御日耳曼的马科曼尼人和夸提人的入侵。

马可·奥勒留在抵御日耳曼人入侵方面取得了巨大成功,但在选择亲生儿子康茂德作为继承人问题上却是失策。对康茂德来说,在竞技场上作为角斗士战斗比统治帝国更有趣。192年康茂德遭到暗杀。傲慢且贪婪的禁卫军竟将王位拍卖给出价最高的人。康茂德死后内战重演,直

① 即安息帝国——译者注

比娅成功地保卫了自己的领土。

经过几十年艰苦卓绝但又永无休止的战斗和流血,罗马帝国在来自多瑙河行省的多位军人皇帝的帮助下存留下来。这些被称为伊利里亚人的皇帝统辖着伤痕累累的罗马军队,使其重振斗志并击退了外族进攻。罗马传统的合法性来源——元老院此时已成明日黄花,伊利里亚的皇帝们大多无须经过元老院便可发号施令。在这些皇帝中,加里恩努斯(253年—268年在位)是被俘的罗马皇帝瓦勒良之子。268年,他在奈索斯战胜了哥特人。奥勒良皇帝(270年—275年在位)掌权后,危机明显消退。272年,他打败了

▲ 据说尼禄放火烧了罗马,然后把责任归咎于基督徒
▼ 这幅画描绘了君士坦丁大帝在这里受洗成为基督徒的场景

塞诺比亚，把这个富裕的东部省份重新纳入罗马版图。274年，奥勒良又重新统一了高卢。为了保护罗马城，奥勒良在罗马城周围建造了20公里的城墙，现在仍被称为"奥勒良城墙"。不过，这也是政局动荡的征兆。甚至连奥勒良这位成功的将军也地位不稳，最终于275年遭军官暗杀。

直到284年戴克里先掌权，罗马才结束了侵略和内战的混乱局面。戴克里先是另一位强硬的伊利里亚人皇帝，他的统治超过20年，这在致命的动荡年代很不容易。戴克里先和担任副皇帝的好友马克西米安一起恢复了罗马远方边境的安全，并使帝国剩下的分裂行省俯首称臣。

不和平的"罗马和平"

"罗马和平"并不像人们通常认为的那样和平。

"罗马和平"并不像人们通常认为的那样和平。

著名的"罗马和平"时期并非一帆风顺。公元6年，潘诺尼亚发生大规模叛乱，持续三年之久。罗马需要派遣大量军团前往镇压。

公元9年，发生在今天德国北部的条顿堡森林战役中，三个军团遭到日耳曼蛮族的伏击而全军覆没。在接下来的几年里，罗马人为了报复日耳曼人，在莱茵河东岸进行了多次战斗。公元69年，残暴的巴塔维亚人发动叛乱，罗马费了很大的力气才将之镇压下去。同样，公元60年，不列颠人在他们的勇士、爱西尼王后布狄卡的领导下反抗罗马统治。

在犹太，犹太人也分别于公元66年和132年两次反抗罗马帝国。公元70年，耶路撒冷被罗马军团洗劫，圣殿被毁。在132年至135年的第二次叛乱失败后，犹太人被遣散到帝国各地。

在东方，罗马帝国则与以伊朗为中心的帕提亚帝国进行了战争。战争的焦点是毗邻它们两个帝国的亚美尼亚王国。115年，图拉真皇帝入侵帕提亚，位于遥远的美索不达米亚底格里斯河上的首都希提丰被其洗劫一空。

▲ 公元60年，爱西尼王后布狄卡领导了一场反对罗马人的大规模起义

▲ 410年，亚拉里克率领西哥特人将罗马城洗劫一空

为了防止未来再有将军举兵叛乱，戴克里先建立起四帝共治制度，即由四个皇帝共治天下。最初，戴克里先决定和马克西米安各自管理东部或西部一半的帝国。随后，两人又各指定一位继承人成为凯撒，协助治国。于是，就出现了四人分享皇权的局面，每个人都能在现场处理危机。而指定两位凯撒继任的形式，意在劝阻其他将军不要妄图犯上作乱，自封奥古斯都。

戴克里先是乐观的，但未能预见到四帝共治制度的运转很大程度上取决于他自己的人格力量。戴克里先及其共治者们开始采用华丽的服装和精心设计的宫廷仪式，以达到巩固王位的目的，类似东方君主的做法。这种新式、宏伟的风格是远离传统罗马实践的重要一步，而帝国政府的专制风格也使历史学家将随后罗马帝国的皇帝恰如其分地称为"独裁者"。

戴克里先和马克西米安认为罗马根基已稳后，于305年一起退位。然而，没了他们的稳定治理，四帝共治制度很快垮台。306年君士坦提乌斯一世去世后，其子君士坦丁旋即举兵自封奥古斯都，随后与马克西米安的儿子马克森提乌斯为争夺帝国西部的控制权而发生冲突。312年，君士坦丁最终在罗马城外的米尔维亚桥战役中击败了马克森提乌斯。

君士坦丁将惊人的胜利归功于基督教的上帝。313年，他颁布了《米兰敕令》，使基督教合法化。他还给了基督徒极大的恩惠，建造起许多宏伟的教堂。而君士坦丁之所以选择基督教，本质上是为了利用宗教统一帝国。

324年，君士坦丁打败了帝国东部的皇帝李锡尼，成为罗马帝国的唯一统治者。同年，君士坦丁在博斯普鲁斯海峡旁的古城拜占庭遗址上建立起新的首都，以自己的名字将其命名为君士坦丁堡。

325年，君士坦丁在尼西亚城召集并主持了一个大型教会会议，目的是就神学问题达成共识。尼西亚会议提出了一个关于耶稣基督本性的标准定义，以统一分裂多年的教会。

337年君士坦丁去世后，继任者们再度陷入战争，就像戴克里先和马克西米安退位后所发生的那样。其中最著名的继任者是尤利安，他因试图压制基督教，恢复古代帝国的异教而被称为叛教者。尤利安在与萨珊王朝波斯人的战斗中去世，他的修正主义宗教计划无果而终。

罗马边境仍然承受着来自野蛮人，尤其是居住在莱茵河以东和多瑙河以北及以东的日耳曼民族无休止的侵扰。378年，在巴尔干半岛的阿德里安堡战役中，一支罗马军队被日耳曼的哥特人和伊朗的阿兰人彻底歼灭（伤亡估计在1万到2万人之间）。尽管皇帝狄奥多西重新恢复了帝国的

▶ 芝诺比娅是许多试图推翻罗马帝国的领袖之一。她距离成功仅一步之遥

秩序，但帝国仍不稳定。罗马人在战争中损失惨重，不得不更加依赖军队中的蛮族士兵。

令人担忧的是，这些蛮族士兵主要是日耳曼人，他们由本族的指挥官领导，不受罗马的纪律或训练约束。一旦事情不合心意，他们便会反抗。然而，罗马人无法找到足够的本土军人来充实军队，只能继续依靠日耳曼人。狄奥多西将基督教定为罗马的官方宗教，他也是最后一位统领帝国东西两部的皇帝。5世纪初，蛮族进一步入侵。法兰克人和西哥特人越过莱茵河进入高卢，西哥特人和汪达尔人迁移到西班牙，随后汪达尔人入侵北非。他们在劫掠整个大陆的过程中，留下了充满死亡和破坏的血腥痕迹。

哥特将军亚拉里克曾是狄奥多西的军官，却在410年洗劫了罗马。由于遭受蛮族入侵、领土丧失、税收流失以及东罗马帝国拒绝帮助，西罗马帝国已经衰弱不堪。至455年，北非的汪达尔人驾船而来，再次洗劫了罗马城。

在被阿蒂拉率领的匈人蹂躏后，西罗马帝国前景变得更加暗淡。451年卡塔罗尼亚平原战役的重大胜利（主要归功于蛮族士兵），稍使帝国得以喘息。不过，此后，出现多位实际上由日耳曼军阀担任的影子皇帝。最终，西罗马最后一位皇帝罗慕路斯·奥古斯都于476年被其日耳曼军阀奥多亚克废黜，西罗马帝国宣告灭亡。而东罗马帝国控制着较为富裕的地区，首都君士坦丁堡有高大的城墙保护，基本安全。直至1453年被奥斯曼人征服前，东罗马帝国一直存续了近千年。

拜占庭帝国

在内部冲突和外族入侵的双重压力下，拜占庭帝国上演了一段不寻常的兴衰史。

拜占庭的诞生
希腊殖民者在连接欧亚的博斯普鲁斯海峡的欧洲一侧建起一座城市，这就是拜占庭。拜占庭是欧洲和小亚细亚间的地理要冲，希腊人和波斯人为了得到它不惜多次兵戎相见。

新罗马
君士坦丁大帝将罗马帝国的首都迁至拜占庭，以便更好地管理东部边境。新首都也用君士坦丁大帝的名字重新命名为君士坦丁堡。

公元前 657 年 —— 公元 330 年

恢复圣像
经历了一段反圣像时期后，814 年，狄奥多拉皇后在其子米哈伊洛三世统治期间担任摄政王，最终结束了这种做法。这使其被教会封为圣人。

神圣罗马帝国
查理曼大帝得到教皇利奥三世的加冕，成为神圣罗马帝国皇帝。他试图恢复西罗马帝国，这使东方人因权力受到威胁而感到紧张。

圣像破坏运动
利奥三世皇帝下令整个帝国范围内禁止供奉圣像。这一命令激怒了支持供奉圣像的西方教会。

843 年 —— 800 年 —— 726 年—787 年

> 禁止供奉圣像到君士坦丁堡被洗劫之间的时期，是拜占庭艺术的巅峰时期。

君士坦丁堡的衰落
第四次十字军东征帮助流亡的阿列克谢四世登上王位，但拜占庭人拒绝支付十字军东征的军费。于是愤怒的十字军攻占了首都，建立了一个新的拉丁帝国。

掠夺
20,000
两万名士兵参加了十字军东征

雇用了 200 艘船只

57
拉丁帝国存在了57

大分裂
经过多年的纷争，教会正式分裂为在西方由教皇利奥九世为首的罗马天主教会和以君士坦丁堡为基地的希腊东正教会。

1054 年 —— 1204 年 —— 1204 年

现代历史学家使用"拜占庭帝国"这个说法,但当年的拜占庭人认为自己是罗马人。

永久性分裂

狄奥多西一世去世后,他的两个儿子阿卡狄乌斯和霍诺留分别继承了罗马帝国的东、西半部。帝国彻底分裂。

向匈人进贡

为了阻止匈人的入侵,拜占庭人每年都支付给匈人 159 公斤黄金。

159 kg

433 年,阿提拉掌权后,要求拜占庭上缴的贡品增加一倍。

318 kg

443 年,拜占庭帝国被匈人打败后,贡品的数量上涨三倍。

952 kg

西方的衰落

蛮族首领奥多亚克推翻奥古斯都的政权,标志着西罗马帝国的终结。随后奥多亚塞向君士坦丁堡示好,东罗马又得以延续近千年。

424 年—434 年　　　476 年

所有人都要和我讲希腊语!赫拉克利乌斯皇帝将希腊语作为帝国政府的官方语言。到了下一代,即使受过教育的人,对拉丁语的了解也十分限。

查士丁尼瘟疫

整个帝国有 2500 万到 5000 万人死亡。

10,000 君士坦丁堡每天都有 1 万人死亡。

3 人类历史上曾发生 3 次大鼠疫,这是第一次。后两次是黑死病和第三次鼠疫大流行。

尼卡起义

由于查士丁尼一世在一场马车竞赛中粗暴对待车夫,加之刚刚颁布的增税政策惹怒民众,引起一场持续 5 天的骚乱,造成君士坦丁堡 1/10 人口的死亡。

当查士丁尼想逃离首都时,他的妻子拒绝离开,并说服他留了下来。

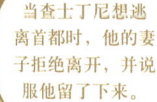

541 年—542 年　　　532 年

恢复政权

迈克尔八世成功夺回君士坦丁堡,并迫使罗马帝帝鲍德温二世逃离这座城市。迈克尔重建了年久失修的首都,使其恢复了昔日的荣光。

内部纷争

约翰五世在位期间,帝国内部的政敌之间爆发了一系列内讧,严重削弱了帝国的实力,使其易于受到敌人的攻击。

君士坦丁堡的人口

400,000 瘟疫暴发前的 6 世纪有 40 万人住在城里。

70,000 13 世纪首都被夺回后,只有 7 万人一直住在这里。

10% 15 世纪的人口只有 6 世纪时人口规模的 10%。

帝国的终结

当奥斯曼土耳其人成功占领帝国的首都后,苏丹穆罕默德二世的军队杀死君士坦丁十一世。这一事件标志着拜占庭帝国的灭亡。

1321 年—1379 年　　1400 年　　1453 年

阿拔斯王朝

揭开伊斯兰帝国黄金时代的面纱，看看它为何至今仍在影响着我们。

杰姆·杜杜库 / 文

从8世纪开始，欧洲进入黑暗时代，但伊斯兰世界却在哲学、科学和数学方面成就卓越，进入伊斯兰的黄金时代。阿拔斯王朝也恰好在这个时代崛起，750年至1258年一直在巴格达（现在的伊拉克）统治着绝大部分伊斯兰世界。巴格达位于欧洲和亚洲之间，是贸易和思想交流的枢纽。那里的学者们将古希腊和罗马作家的作品翻译成阿拉伯语，同时也翻译了波斯、印度和中国的著作。然而，伊斯兰思想家们并没有简单地复制或抄录这些典籍，而是将之发扬光大，取得了令人难以置信的进步，并将这些知识传播到包括从今天的巴基斯坦到当年摩尔人统治的西班牙在内的整个伊斯兰世界。

伊斯兰的黄金时代留给后世许多习以为常的概念。例如，大多数以"al"开头的数学和科学词汇都暗示其源自伊斯兰世界。比如代数、星号和像碱这样的化合物。此外，令人吃惊的是，其中还包括通常被认为是伊斯兰禁忌的酒精。甚至我们的计算方式也要感谢穆斯林数学家：原先罗马人没有值0或符号0的概念，印度发明0后，由伊斯兰数学家传播到西方。英语单词"zero"也源于阿拉伯语'sifr'（我们也从中得到"cipher"一词）。

500年后，成吉思汗的孙子旭烈兀可汗结束了这一黄金时代。蒙古人洗劫巴格达，杀死了阿拔斯王朝的哈里发穆斯塔西姆，并烧毁了这座城市的大型图书馆和科研机构。然而，黄金时代的很多知识已在传播广泛的伊斯兰文化中得以保留。从11世纪开始，摩尔人学者们开始将这些著作从阿拉伯文译成拉丁文，以便欧洲人能够理解。在这里，我们缅怀10位学者，他们对世界的影响在千年后依然存在。

阿布·巴克尔

573年—634年

阿拔斯哈里发

哈里发在《古兰经》中被称为"安拉的继承人"，而哈里发阿布·巴克尔则是先知穆罕默德信赖的伙伴。伊斯兰教的创始人去世后，阿布·巴克尔被推举为第一任哈里发。在632年—634年的短暂统治期间，阿布·巴克尔镇压了部落的政治及宗教起义，将阿拉伯半岛中部置于穆斯林的控制之下。在他的统治下，穆斯林开始征服伊拉克和叙利亚，但他对伊斯兰教最大的贡献远远超过了领土扩张。

艾布·卡西姆·扎哈拉维

936年—1013年

中世纪最伟大的外科医生

艾布·卡西姆·扎哈拉维家住安达卢西亚，这片区域现在是西班牙的中部和南部。正是在这里，他创新了医学，并将积累的经验记载在他的杰作《医学宝鉴》中。这是一部长达30卷，囊括基础医学知识、实验和经验的百科全书。

艾布·卡西姆·扎哈拉维不仅首次发现了血友病的遗传性（以及医学上的其他突破），而且还发明了包括从耳朵和鼻子清除碎屑，以及检查尿道内部和清除肾结石的手术器械。

艾布·卡西姆·扎哈拉维在治疗可自行愈合或结痂的头部伤口方面很拿手。他最令人印象深刻的成就之一是清除大脑中的积液且未引发感染，这对现代医生来说都是一个挑战。他的做法与盎格鲁-撒克逊时期英国的做法相似，那时流血事件很普遍，如果病人失血过多，医生甚至会用马粪来为伤口止血。

并不是说他写的所有东西至今都有医学意义。在《医学宝鉴》中，有一个关于化妆品的章节，据说他认为这些是"美容药"。

贾比尔·伊本·海扬

约721年—约815年

这位波斯炼金术士将实验作为研究的核心

波斯博学家贾比尔·伊本·海扬有近3000篇论文、文献和文章存世，涉及音乐、医学、语法和几何等多个领域。如此庞杂的作品全部出自一人之手让人难以置信，以至于一些现代学者认为实际上只有一半是他的作品。即便如此，过去人们将那么多的作品归于贾比尔名下，也足以说明其影响与地位。

贾比尔被认为是阿拉伯化学之父，他在化学领域展示出惊人的科学严谨性。他发明了二十多种实验设备（包括蒸馏器和曲颈瓶），完善了酒精和硫酸的蒸馏方法，并开始将元素进行分类，为元素周期表的形成奠定了基础。最重要的是，他强调实验在科学研究中的重要性。

贾比尔死后，其作品的一个残本在欧洲以拉丁名字《盖比尔》出版。这本书被誉为"完美的总和"，成为中世纪最著名的炼金术书籍。当贾比尔试图找到魔法石——一种可以赋予永恒生命的神秘化合物时，这位阿拉伯化学之父也成为另一群神秘主义者和江湖骗子津津乐道的前辈。

阿尔·花剌子模

约780年—约850年

那个想摘星星的数学家

> 天空中有一百多颗星星以阿拉伯文命名，其中包括许多最亮的星星。

▲ 阿尔·花剌子模使用这样的工具来追踪恒星的轨迹

约820年，穆罕默德·伊本·阿尔·花剌子模被任命为天文学家和"智慧之城"巴格达的图书馆馆长。这相当于现在同时获得诺贝尔文学奖和物理学奖。

正是他的《移项和集项的科学》（或称《积分和方程计算法》，译入欧洲后称《代数学》）一书，将他在数学史上的地位上升到与欧几里德比肩的高度。在这本书中，他第一个提出解一次和二次方程的基本方法，并向人们展示出阿拉伯数字相较拉丁数字更适合复杂的数学运算，对其他科学领域的研究也具有重要的意义。他的另一本著作《阿尔·花剌子模历表》被认为是伊斯兰天文学的转折点。在阿尔·花剌子模之前，穆斯林天文学家只翻译了其他人的作品，但现在他们开始有了自己的发现。

"他的另一本著作……被认为是一个转折点"。

阿布·法拉比

约870年—约950年

这位学者是一位伟大的文化保护者，被称为"第二导师"。

其实，希腊和罗马的著作并非由教会用拉丁文保存，之后在文艺复兴时期重新发现的。有许多哲学、数学和科学的杰作，是由穆斯林学者翻译并传播到全国各地的。欧洲的译本实际上是从阿拉伯文而非最初的希腊文和拉丁文翻译而来的。

最高产的阿拉伯学者当数阿布·法拉比，在西方他的名字也被称为阿尔法拉比乌斯或阿文纳萨尔。他不仅翻译著作，还撰写了相关论文，且大多以亚里士多德的观点为基础。人们也认为他是新柏拉图主义者。当他在东方撰写哲学著作时，西方的学术活动还主要是抄录福音书。

博学的伊斯兰学者们称亚里士多德为"第一导师"，从中可见这位思想家在穆斯林世界的地位。由于阿布·法拉比的工作以亚里士多德的概念为基础，阿布·法拉比也被称为"第二导师"。

"他撰写的论文往往以亚里士多德的观点为基础。"

哈利勒·伊本·艾哈迈德

718年—786年

第一本阿拉伯语词典的作者

哈利勒·伊本·艾哈迈德是一位研究阿拉伯语的学者，他在制定阿拉伯语标准化方面发挥了重要作用。中世纪欧洲的通用语是拉丁语，而中东的通用语则是阿拉伯语。不过，阿拉伯语的地区差异很大，极易造成混乱，于是哈利勒撰写了第一本阿拉伯语词典（可能也是有史以来第一本词典），这比塞缪尔·约翰逊编写的著名的《英语大辞典》还要早约千年。自此，他确立的语法和节奏体系为阿拉伯语和阿拉伯诗歌设定了标准。

哈利勒对规范语言起到非常重要的作用，以至于他的名字在他在世时就已在阿拉伯世界家喻户晓。同时，他还在天文学、数学、伊斯兰律法和音乐创作方面极富天赋。他还撰写了一本关于密码学的书。从古希腊时代起，人们就开始使用加密技术隐藏信息的含义，但编码在复杂性方面有了飞跃发展，可能要感谢阿拉伯数学和数字。因此，哈利勒被视为穆斯林世界的杰出天才就不足为奇了。

科尔多瓦的卢布那

10世纪

天才女奴

卢布那在科尔多瓦的生活很艰难。作为一名生活在安达卢斯的奴隶,她很可能不是穆斯林,因为《古兰经》禁止奴役穆斯林。不过,当时奴隶主也会让奴隶皈依伊斯兰教。

除了身为奴隶的卑微地位外,作为一名女性也意味着卢布那拥有的权利远远少于男性。因此,在这个极其艰难的人生起点上,卢布那能成为哈里发哈卡姆二世的诗人、抄写员和秘书,简直堪称奇迹。她只有通过自学阅读和写作才能做到这一点,因为女奴没有接受教育的权利。

书籍和学问就是卢布那的初恋,它们帮助她成为当时世界上最大图书馆之一的科尔多瓦皇家图书馆的馆长。通过不断购入新书,至卢布那去世时,图书馆已拥有约50万册的文本、书籍和手稿。一位当时的学者曾这样评价卢布那:"在倭马亚王朝的宫殿里没有人像她一样高贵。"不过,关于她,我们仍知之甚少。

▲ 卢布那在哈里发的宫殿麦地那-阿沙哈拉宫工作

"她只有靠自学才能做到这一点。"

阿维森纳
980年—1037年
多产的波斯博学家

> 阿维森纳发现了人体血液循环,这一发现比西方早400年。

被西方人熟知的阿维森纳,原名伊本·西纳,是一名医生、天文学家和作家。他一生中著有约450部作品,其中约有240部被留存下来。他在著作中思考得最多的问题是:我们存在的本质是什么?他打破了本质和存在之间的界限。在寻求真理的过程中,他常引用苏格拉底、柏拉图和亚里士多德的名言,这招致一些人批评其过度推崇非穆斯林思想家。阿维森纳对此充耳不闻。

此外,他还著有一本容易引起误解的《治愈之书》。这本书与医学毫无关系,而是包括逻辑学、自然科学、数学(包括算术、几何、天文学和音乐)和形而上学四部分。尽管如此,他更以医生身份为后世铭记。他著有一部五卷本的医学百科全书,名为《医学经典》,其中提出的细菌理论概念,约千年后才被医学界彻底接受。这本书在18世纪前一直是伊斯兰世界和欧洲的范本。

伊本·海什木
约965年—约1040年
对细节有敏锐洞察力的科学家

伊本·海什木的研究领域包括数学、天文学和物理学。他认为,一个假设必须由基于可证实的程序或数学证据来证明。这正是科学的运作方式,至今已被称为"科学方法论"。他的这一界定比文艺复兴时期的科学家早了500余年。

他的另一部极具影响力的著作是光学巨著《光学书》。当时有两种不同的理论解释光和眼睛是如何工作的,伊本·海什木通过实验证明了光是沿直线传播的,而眼睛是在光线照射下成像的。他还发明了一种暗箱,虽然这种理论当时在中国已经存在,但还未传到欧洲。

伊本·海什木还著有一本名为《有关托勒密的疑点》的书,是对托勒密的一些作品的科学剖析和反驳,宛如一位运用从观察中得出的科学方法进行评价的同行评审。他是从严格意义上来说世界上"第一位真正的科学家"。

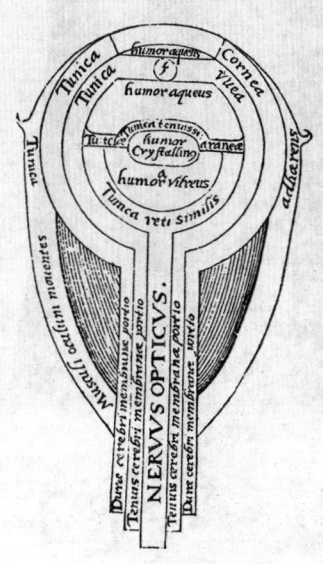

▲ 关于伊本·海什木眼睛结构理论的图解

伊本·巴图塔

1304年—约1368年

世界就在他的脚下

说到伟大的探险家,人们常会想到马可·波罗和克里斯托弗·哥伦布,但他们的旅行经历在伊本·巴图塔面前则相形见绌。伊本·巴图塔在他的行记中总结了多年的旅行经历,并将其作为礼物献给那些关注城市奇观和旅行奇迹的人。在行记中,他描述了他是如何在从摩洛哥到麦加朝圣途中迷上旅行的。这趟旅行大概持续了一年半的时间。而25年间他一直没有停下脚步。

伊本·巴图塔完成朝圣后,游览了当时的埃及和中东地区。当他来到70年前被蒙古人摧毁(这一事件通常被视为伊斯兰黄金时代的结束)的巴格达时,所见已是这座昔日名城的残影。随后,他继续向东穿过波斯,最终到达中国。他还访问了菲律宾、印度尼西亚、越南、印度和非洲之角。晚年时,他还游历了西班牙。据估计,他一生旅行的距离长达7.5万英里。

◀ 如这幅19世纪的版画所示,伊本·巴图塔调查了古埃及的遗迹

▼ "三十年战争"中伤亡者多是神圣罗马帝国的公民

神圣罗马帝国

神圣罗马帝国或许是有史以来最独特的帝国，其统治长达近千年。

弗朗西丝·怀特 / 文

法国哲学家伏尔泰曾说：神圣罗马帝国"既不神圣，也不罗马，更非帝国"。这句话常被引用，清楚地表明神圣罗马帝国的内部是多么的混乱和复杂。它不像英国、法国或蒙古那样结构简单，而是由数百个高度自治的独立王国组成的联合体。

虽然伏尔泰所说这个帝国的独特之处显而易见，但正是这种独一无二的结构使其得以存在千年。由于缺少一个占绝对统治地位的中央强权存在，帝国免于产生专制的暴君，而暴君往往是历史上许多国家灭亡的根源。于是，帝国在不同地区各自领主的统治下得到繁荣发展。因此，神圣罗马帝国尽管独特而令人费解，但在世界历史上发挥了至关重要且持久的作用。

与帝国的混乱和复杂的性质相似，神圣罗马帝国的建立没有一个公认的时间。一个流行的说法是，神圣罗马帝国萌芽于800年。5世纪西罗马帝国灭亡后，东罗马帝国继续存在，即所谓的拜占庭帝国。300年后，教皇利奥三世被迫逃离罗马，向强大的法兰克国王查理曼寻求帮助。得到满足后，教皇加冕查理曼为"罗马人的皇帝"。查理曼的统治范围大致是现在的德国和法国，因此这个头衔实际上是从东罗马帝国抢回西方的。教皇的行为并没有激怒太多人，因为当时罗马皇帝的头衔被一个女人——东罗马帝国的女皇艾琳所有。

814年，查理曼大帝去世，继承大战随即爆发。法兰克王国曾数次分裂又重新统一，最终分裂成三个重要的王国：德意志、法兰西和意大利。直至962年之前，罗马皇帝的头衔已名存实亡。然而正是在962年，教皇再次陷入危机——教皇约翰十二世遭到意大利侵略。而法兰克王

选择一个皇帝

神圣罗马帝国曾多年无皇帝在位,于是制定出一套严格的规则,确保这种情况不再发生

最初,为了维护教会,神圣罗马帝国的皇帝人选完全由教皇任命。直到13世纪,皇帝的选举还很罕见,教皇会综合虔诚程度、帝国规模以及与上任统治者的关系等一系列因素做出决定。不过,由于缺乏严格的规定,教皇可能很长时间都无法确定皇帝的人选。例如,从924年到962年,帝国就没有皇帝。

从13世纪开始,帝国有了更为正式的选举程序。一些皇室成员拥有了选举皇帝的权力,被称选侯。他们中有些人是世俗性,比如波希米亚国王、莱茵河的巴拉廷伯爵、萨克森公爵和勃兰登堡的马格拉夫,且可以世袭。而有些人则由教会选举产生,比如美因茨、科隆和特里尔的大主教。因此,拥有神圣罗马帝国皇帝选举权者来自皇室和宗教领袖。他们会推选出"罗马皇帝"作为指定继承人,然后由教皇加冕。由此看来,这更像是一种形式。

1356年,神圣罗马帝国通过"金玺诏书"正式确立起以上规则,并引入了少数服从多数的投票原则,7票中若得4票就足以当选新皇帝。"金玺诏书"中还增加了一些奇特规则,比如若选侯不能在30天内做出决定,他们只能获得面包和水,直到选出皇帝为止。教皇在选举过程中无发言权,并且要彻底服从选举的结果。

▲ 围绕神圣罗马帝国皇帝徽章的是七名选侯的徽章

▲ 查理曼大帝作为一名虔诚的天主教徒,致力于处理好与教皇的关系

奥托一世前来相助,并推翻意大利国王,征服了意大利。作为回报,教皇约翰则为奥托加冕。奥托成为首位被加冕为皇帝的日耳曼人,开创了先例。此后,不仅帝国以日耳曼人为核心,几乎所有继任者也都是日耳曼人。

神圣罗马帝国具有独特的组织结构,由于皇帝由教皇任命,帝国与罗马主教之间的关系非常复杂而又紧张,两者在数世纪间一直进行着旷日持久的权力斗争。例如,奥托统治后的"早期"帝国势力非常雄厚,成为当时欧洲最强大的国家。于是,皇帝们便以王权压制教权。这对于当初赋予皇帝权力的教皇们而言,无异于一个具有讽刺意味的命运转折。

随后,皇帝和教皇之间不断的权力斗争导致一些皇帝罢免了不支持他们的教皇。然而,教皇的权力也在不断膨胀,至11世纪中叶两者几乎势均力敌,出现了著名的"授职争议"。两者间的冲突导致帝国爆发了近50年的内战。这场战争意义重大,标志着中世纪早期的结束,并为中世纪的鼎盛时期奠定了基础。

1250年,随着腓特烈二世去世,神圣罗马帝国在这场旷日持久的战争中最终失败,皇帝和教皇之间的权力平衡被彻底打破。帝国虽仍存在,但已异常虚弱,以至竟然23年无法决定腓特烈二世的继任者。这是第一次发生这种情况,但不会是最后一次,帝国后来又经历了两次更长的

没有统治者的时期。正因为如此,皇帝的角色开始边缘化,各封建领地几乎独立自主,这也决定了帝国的独特结构。

由于选择统治者非常困难,帝国于1356年起推行"金玺诏书"制度,即由7名选侯投票推选皇帝。这一改革效果明显,随后三个世纪皇权更迭从未间断,并且都来自同一个家族:哈布斯堡家族。由于皇权来源的一致性,帝国得以扩大影响,拓展领土。

我们很难依据今天的国境线来严格划定神圣罗马帝国的疆域,但它基本涵盖了现在的比利时、德国、荷兰、卢森堡、瑞士、奥地利、捷克和斯洛伐克共和国,以及法国东部、意大利北部、斯洛文尼亚和波兰西部地区。虽然它的陆地面积远远落后于历史上的其他帝国,但覆盖了许多重要的欧洲国家。所以,若以权力和影响衡量,神圣罗马帝国仍可排在帝国排行榜的前列。

1517年,马丁·路德发表《九十五条论纲》后,新教改革席卷欧洲。罗马帝国分成两派:一派信奉路德教,另一派仍然信奉天主教。宗教造成的紧张局势使国家陷入瘫痪状态,并持续了几个世纪。尽管如此,在查理五世的统治下,帝国的整体实力确实有所增长。查理五世作为西班牙的国王,为哈布斯堡王朝掠夺了大片领土。此时,神圣罗马帝国和西班牙帝国的联合使之成为欧洲有史以来最接近普遍君主政体的国家。虽然查理五世努力阻止路德教的传播,但1555年德意志贵族们仍然签署了《奥格斯堡和约》,确定了"教随国定"的原则,允许各统治者为其国家选择宗教信仰。当然,他们只能在路

▲ 公元800年的圣诞节,教皇利奥三世为查理大帝加冕

▲ 查理五世统治下的帝国拥有近150万平方英里的领土,是第一个被称为"日不落帝国"的国家

"表面上看,这个帝国根本不属于罗马,而是属于日耳曼。"

德教或天主教中选择。

查理五世逊位时,将帝国分割成西班牙和奥地利两部分,并将王位传给他的弟弟斐迪南。尽管欧洲各国签署了《奥格斯堡和约》,但宗教紧张局势仍在继续,最终导致7个省脱离西班牙和神圣罗马帝国,组建起荷兰共和国。宗教冲突升级为"三十年战争",成为人类历史上最残酷的冲突之一,造成了超过800万人的伤亡。战争从1618年持续到1648年,帝国中的天主教国家和新教国家兵戎相见,很快演变成一场欧洲大陆所有主要国家参与的权力争夺。

《威斯特伐利亚和约》的签订标志着战争的结束,该条约极大地改变了欧洲面貌。西班牙不再拥有对荷兰共和国的控制权,神圣罗马帝国中那些讲德语的中欧国家也获得了国家自治权。权力的分散意味着帝国开始瓦解,封建领主则掌握着实权。所以,许多历史学家由此认为,与其将神圣罗马帝国视为帝国,不如说它是一个由不同的德意志国家组成的松散联邦。

查理五世或许是最后一位加强中央集权的皇帝,因为在他之后这几乎再无可能。当然,有些

▲ 七名选侯通过投票确定继任皇帝的人选

人仍然相信"帝国"的概念,认为只要"帝国"存在,就可阻止欧洲陷入王公割据的状态。

帝国的最后时光是在两个最重要的德意志强国奥地利和普鲁士为争夺统治地位而发动的"七年战争"中度过的。这场全面冲突起源于对西里西亚的争夺。但真正给帝国致命一击的是法国大革命。早在13世纪,法国君主就已觊觎神圣罗马帝国的领土,只是吞并计划并未成功。所以,法国需要一位意志坚定、雄心勃勃,且具有吞并领土意志和能力的统治者。法国大革命之后,他们迎来了理想的统治者法兰西皇帝拿破仑·波拿巴。

拿破仑用狡猾的手段达到了目的。他宣称自己是查理曼大帝的继承人,发誓要废黜弗朗西斯二世,并将神圣罗马帝国纳入领土。弗朗西斯二世自然不愿束手就擒,他宁愿玉石俱焚,也不想把王位拱手让给死敌拿破仑。于是,弗朗西斯二世干脆解散了帝国,并于1806年8月6日辞职。此举标志着神圣罗马帝国千年历史就此终结。

这就是神圣罗马帝国正式灭亡的日期。但对许多人来说,问题不在于帝国何时结束,而在于它是否曾是一个真正的帝国。如前所述,关于神圣罗马帝国,伏尔泰曾说过一段著名的话:"这个曾被称为以及依旧被称作'神圣罗马帝国'的政体,在任何层面,既不神圣,也不罗马,更非帝国。"当历史学家和历史爱好者争论神圣罗马帝国是否有资格成为帝国时,都会一次又一次地引用这段话,不过争论至今仍未尘埃落定。

关于伏尔泰的这段话,我们要注意当时的语境。伏尔泰生活在18世纪,当时帝国正在迅速衰落。他是法国人,同时也是启蒙运动的一员,所

以将神圣罗马帝国视作阻碍现代社会进步的封建余孽也就不足为奇了。

首先，关于伏尔泰所说的"它不神圣"。虽然神圣罗马帝国创立后很久才冠以"神圣"一词，但这对其至关重要。原则上，皇帝被视为教皇的保护者和基督教的捍卫者，但在现实中，事情并没有那么简单。皇帝和教皇之间的分歧导致教皇在帝国政治中变得多余。然而，"神圣"不只与教皇有关，它还显示出帝国不是一般的君主政体，它具有无须教皇批准的神圣使命。事实上，"神圣"一词是在罗马教皇已与帝国疏远后才加上的，从而使帝国进一步撇开与教会的联系。

其次，关于伏尔泰所说的"它不罗马"。这似乎是老生常谈，从表面上看，神圣罗马帝国确实不是罗马人的，而是日耳曼人的，所以并非古罗马帝国的嫡传。而且，神圣罗马帝国的"罗马"二字也来自希腊化的东罗马帝国而非西边的古罗马帝国，查理曼大帝与古罗马帝国的联系非常微弱。但不可否认，罗马皇帝的头衔仍然拥有很高的威望和地位。事实上，最初神圣罗马帝国确实被视为古罗马的延续，只是随着时间的推移，它越发日耳曼化罢了。

再次，帝国这个关键术语确实很难确定。由于缺少一个能被普遍接受的定义，很难确定其是否有资格成为帝国。有趣的是，神圣罗马帝国

一个有影响力的帝国

神圣罗马帝国是独一无二的，但这并不影响它对其他国家发展所施加的关键作用。

由于神圣罗马帝国的独特性，很难将它与历史上任何国家相提并论。同时，因其是由不同国家组成的集合，所以帝国皇帝的角色更多带有象征意味而非实际意义。神圣罗马帝国本身就是一种联邦，数百个不同国家在其中争夺权力。正因如此，它和欧盟之间有一些相似之处，因为两者都是由一群不同的国家组成，聚集在一把松散的保护伞下。

神圣罗马帝国最大的影响在于它能够在一个中央政权的领导下，将众多不同国家和部落的人民团结起来。例如，现代德国的起源可以追溯到神圣罗马帝国时期。德国于1871年实现统一，定名德意志帝国。德意志帝国（或"王国"）的概念至1933年—1945年继续存在，当时阿道夫·希特勒希望延续帝国的荣光，将德国命名为第三帝国，因此神圣罗马帝国成为第一帝国。1474年，神圣罗马帝国首次使用全称"德意志民族神圣罗马帝国"，这一称号在德意志播下了信念的种子，即统治基督教帝国是日耳曼人的使命。不过，这也对整个欧洲乃至世界产生巨大影响，甚至引发了两次世界大战。

▲ 大日耳曼帝国的领土野心主要是为恢复神圣罗马帝国时期的疆域

被认为是最后一个也是最强大的帝国。虽然今天我们认为当时同时存在许多不同的帝国，如不列颠、西班牙和法兰西等，但在神圣罗马帝国存在的大部分时间里，其官方文件始终将其直接称为"帝国"。当时基督徒认为多个帝国根本不可能同时存在，所以神圣罗马帝国不只是对罗马帝国的延续，它就是罗马帝国，一个世界上独一无二的帝国。

按照今天的标准，神圣罗马帝国并不符合传统帝国的概念：由单一君主、寡头或主权国家统治的广泛的国家或国家集团。这里的问题在于帝国是如何分权的。神圣罗马帝国确实只有一个皇帝，但各地的国王们在各自领土上往往拥有比皇帝更大的权力。这种不可思议的独特结构，使历史上任何一个"帝国"都不能与之相比。由于君主、封臣和皇帝本身都拥有复杂的角色和不同的权力分配，神圣罗马帝国不像其他帝国那样，有一个宛如站在金字塔顶拥有全部权力的人。神圣罗马帝国没有一个单一的指挥系统，各地的国王也没有相关权力和威望。各个国家都有自己的头衔，比如奥地利、普鲁士变得非常强大，成为一个拥有自己国王的独立王国，帝国没有权力加以管理。这便可以理解为什么伏尔泰会宣称，这些与他同时代的、拼凑的司法管辖区不具备成为帝国的资格。不过，神圣罗马帝国皇帝确实统治着一大片不同的领土，只是当他试图进一步统一管

▲ 弗朗西斯二世是最后一位神圣罗马帝国皇帝，同时也是历史上唯一的双重皇帝，因为他也是奥地利的皇帝

▲ 这幅画描绘了帝国的复杂结构，神圣罗马帝国的皇帝坐在宝座上

理时遭到抵抗，最终以失败告终。

话虽如此，如果我们回到伏尔泰时代之前，神圣罗马帝国确实看起来更像帝国。从本质上讲，一个帝国是由很多地方共同统治的，因此它确实符合这个标准。神圣罗马帝国由几个独立的王国组成，中世纪大部分时间都是欧洲最强大的国家之一，甚至就是最强大者。若因其独特的建立过程和后来的崩溃就不承认为帝国，似乎忽视了它在"黄金年代"拥有的巨大权力。

神圣罗马帝国诞生在中欧从一个单一宗教的封建农业社会逐渐向城市性的、宗教多样化和集权化社会转变的过程中。然而，似乎正是这种转变为其敲响了丧钟。神圣罗马帝国无法在欧洲社会的巨大变化中生存下来，这也许是其独特的结构所决定的。它虽被社会淘汰，但不能否认曾为帝国的事实。

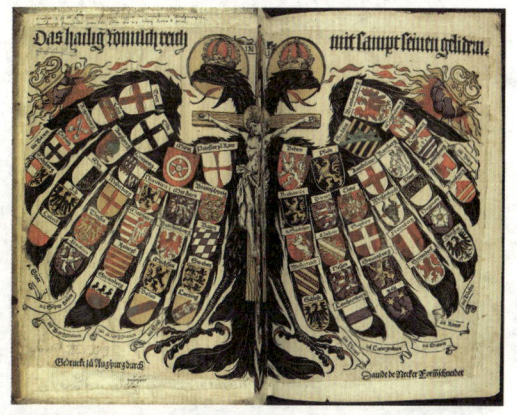

▲ 这幅图中双头鹰的翅膀上是神圣罗马帝国内部各个国家的盾形徽章

事实上，在很长时间里，人们将神圣罗马帝国视为唯一的帝国，即便灭亡后仍是如此。原因不仅在于它的独特性，还在于直到今天我们仍可以感受到它在整个欧洲历史上当之无愧的地位和重要影响。

北海帝国

大约千年前,一位年轻的维京战士成为英格兰的国王。当时没有人能预料到他将缔造一个伟大的帝国。

W.B. 巴特利特/文

提起克努特，最令人记忆深刻的或许是他命令涨潮的大海即刻退去，以驳斥谄媚的大臣的故事。克努特的人生经历确实不同寻常。他是教会坚定可靠的支持者，也是典型的维京掠夺者。他与妻子埃玛通过婚姻结成有力的联盟，也谋杀了妹夫乌尔夫。他统治着英格兰和丹麦，也曾短期担任挪威国王。一言以蔽之，他所统领的"北海帝国"成就独特，他也因之成为引人注目的杰出统治者。

克努特祖籍丹麦，曾祖父老高姆是日德兰半岛耶林王朝的缔造者。高姆是一位令人敬畏的异教徒战士，但其子哈拉尔·蓝牙王却成为一位狂热的基督徒。后来，哈拉尔与其子斯温一世间爆发了一场激烈的内战。这场冲突以哈拉尔流亡国外而告终，他不久后便客死他乡。斯温一世于是接掌政权，并因经常对英格兰、爱尔兰及其他地方发动攻击，落得一个无情而凶猛的海盗掠夺者的名声。

克努特是斯温一世的儿子，他可能出生于约995年，但没人知道确切日期。编年史也同样对克努特的前18年只字不提，在《盎格鲁－撒克逊编年史》中直到1013年部分才第一次出现有关他的记载。那一年，克努特同斯温一世参加了征服英格兰的重要战役。经过数十年的突袭，战争规模不断扩大，最终以英格兰支付被称为"赎金"的费用而告终。斯温一世意识到英格兰受到致命打击，于是像一位饥饿的捕食者一样开始了杀戮。

斯温一世的野心得到了丹麦法区（现在英格兰的东米德兰一带）的支持，小国诺森布里亚也很快向他臣服。斯温进入英格兰南部后，敌军的防御很快崩溃。英格兰国王埃塞尔雷德二世很快

▲ 摘自休姆、斯莫列特和琼斯的《英格兰史》中克努特的插图

带着妻子埃玛及其子爱德华和阿尔弗雷德逃亡出境。英格兰随之沦陷。国王埃塞尔雷德二世后来被描绘成一个无能而懦弱的恶棍。鉴于当时他所面临的巨大挑战，这样的评价或许过于苛刻。但毫无疑问，他的统治以彻底的失败告终。

不过，与此同时，斯温一世却在即将成为英格兰国王前于英格兰南部去世。克努特当时留在丹麦法区，不在斯温一世身边。不久之后，英格兰军队对克努特的营地发动了一次突袭，克努特被打了个措手不及。埃塞尔雷德二世旋即归来，克努特仓皇逃到丹麦。不过离开前，他割下了一群人质的耳朵和鼻子，这是维京人的作风。

英格兰只得到短暂的喘息时机。1015年，克努特带着200艘船卷土重来，经"佛洛姆河口"驶入多塞特。这预示了克努特和埃塞尔雷德

"这是一场残酷的竞争，时间长达一年之久。"

▼ 克努特统治时期的盎格鲁-丹麦战士，穿着当时的传统服装

教堂里的谋杀

克努特主导了消灭其妹夫的行动

克努特虽然证明了他是一位强大而成功的国王,但他发现自己与支持者甚至家族成员存在分歧。乌尔夫是克努特的妹夫,娶了他的妹妹埃斯特丽德·斯文兹达特尔。在海尔加战役的准备阶段,有迹象表明乌尔夫的忠诚是可疑的。克努特的小儿子哈塔克努特是丹麦名义上的统治者,但在没有强大的君主主政的情况下,乌尔夫试图主宰丹麦的政务。

尽管如此,乌尔夫还是和克努特一起参加了海尔加战役的艰苦战斗。之后,他们一起回到丹麦的首都罗斯基勒。据说不久他们在家中争吵,起因是下棋这类琐事。然而,最终促使克努特采取行动的可能是更重要的因素,比如两人之间的信任破裂。

克努特显然被发生的事情激怒了,他派人彻底消灭了乌尔夫。士兵在罗斯基勒大教堂内发现了乌尔夫(也有些说法称他正在皇家农场)。当时的罗斯基勒大教堂不是现在与许多后来的丹麦君主陵墓一起的宏伟建筑,而是一座设计简单、尺寸小巧、更加简陋的木制教堂。有些士兵顾忌教堂的神圣性,对执行命令犹豫不决。但一个叫伊瓦尔·怀特的士兵却没有这种顾虑,进入教堂将乌尔夫处死。

这种非基督教的行为引起了一定恐慌,而克努特在这次事件中能做到声誉无损,充分显示出他的政治手腕。然而,他的妹妹埃斯特丽德似乎不准备相信他除掉丈夫的理由,而埃斯特丽德的儿子斯维恩也在克努特的余生中被保护性放逐。也许是出于愧疚,克努特给了埃斯特丽德一大笔钱,让她在罗斯基勒建造一座更宏伟的建筑。

▲ 在乌尔夫死亡的地方矗立着新的罗斯基勒大教堂

▲ 查尔斯·H.阿什当夫人在《19世纪英国服装》上绘制的克努特及其第二任妻子埃玛的插图

二世的儿子——埃德蒙·伊伦塞德之间将展开残酷的战斗。克努特和埃德蒙都是20岁出头的年轻战士,他们在彭塞尔伍德、舍斯顿和奥特福德进行了数次充满血腥和暴力的战斗。克努特最终包围了伦敦,围城战十分残酷,时间长达一年之久。

1016年10月,最后一场决定性的战役在埃塞克斯郡的阿辛顿打响,最终克努特大获全胜。埃德蒙在战斗中幸存下来,并与克努特达成协议,除威塞克斯归自己统治外,将英格兰的其他地方割让给克努特。不过,这项协议没有持续多久,随着1016年11月30日埃德蒙毫无征兆地去世,克努特便顺理成章成为全英格兰公认的国王。

当时,英格兰人对事态的发展感到不安。人们鉴于维京海盗曾对这个国家的残酷掠夺,认为新国王可能榨干英格兰的全部财富。克努特的早期作风确实容易让人产生这种联想。不到一年,克努特就无情地除掉了他认为密谋反对他的人,其中包括麦西亚伯爵利奥夫里克·斯特罗纳,他因对旧政权的背叛成为表里不一和不值得信任的代名词。

1018年,克努特征收的赋税创下新高,其中1.05万英镑来自伦敦，7.2万英镑则来自英格兰其他地区，这在当时是一笔巨款。不过，这一举动还有深层含义，即战争已经胜利，克努特已不再需要维京掠夺者，希望出钱予以遣散，以便按照自己的意愿进行统治。

很多迹象显示这个年轻人除了凶猛的海盗一面外，还有另一面。比如，克努特在牛津召开的议会会议上，采纳了被认为是英格兰最伟大的君主之一——已故国王埃德加制定的法律。埃德加统治时期是一个黄金时代，一段和平与繁荣的岁月。维京国王的这一举动不失英明。

接着克努特又迈出了惊人的一步——迎娶前国王的遗孀埃玛为妻。埃玛在第一次婚姻中有两个孩子：爱德华（后来的英格兰国王忏悔者爱德华）和阿尔弗雷德。克努特与前王后北安普顿的艾尔夫吉夫也有两个儿子，分别是斯维恩和哈罗德（后来的英格兰国王哈罗德一世）。埃玛与克努特婚后不久又生了一个儿子，名叫哈塔克努特。

克努特的哥哥哈拉尔德没有子嗣，王位空缺，于是克努特在其死后不久顺利登上丹麦的王位。与此同时，克努特还明智地任命一批强有力的支持者充任英格兰的权威职位，从而加强了对英格兰的控制。其中最著名的是戈德温伯爵，克努特封他为威塞克斯伯爵。戈德温后来娶了克努特妹夫乌尔夫的妹妹为妻，他们有很多孩子，包括后来成为英格兰国王的哈罗德二世，据说他在1066年臭名昭著的黑斯廷斯战役中因眼部中箭身亡。

挪威也曾是克努特父亲的斯温帝国的一部分，但不久发生叛乱，并推翻丹麦的统治，随后由奥拉夫·哈拉尔森出任国王。奥拉夫与瑞典国王结盟，并共同组建军队计划进攻丹麦。面对威胁，克努特召集军队迎战。两军在瑞典南部的海尔加战役中狭路相逢，爆发了一场旷日持久的拉锯战，最终克努特成功地保住了丹麦。

随后，克努特发觉妹夫乌尔夫阴谋篡夺丹麦王位，遂在罗斯基勒大教堂残忍地将其除掉。不久，克努特又承担起或许是其一生中最重要的使命——前往罗马参加神圣罗马帝国皇帝康拉德二世的加冕仪式。对一个维京国王来说，能够受邀出席这一仪式标志着他的统治得到了认可。这给许多欧洲政治家和克努特的臣民留下了深刻的印象。

克努特的统治中最重要的内容也许是与教会建立密切关系。克努特慷慨地赞助了英格兰和丹麦等许多宗教机构，并安排盟友进入教会担任有影响力的要职，如1020年埃塞尔诺思被任命为坎特伯雷大主教。这一举措有助于克努特扩大影响和声誉，进一步巩固地位。

▲ 描绘克努特与埃德蒙·伊伦塞德战斗的木版版画，制作于1773年

退潮

克努特统治时期最令人难忘的事件

克努特常因那件著名的事件而被人铭记：他坐在海边，命令涨潮的大海即刻退去，可以预见他没有成功。但这事件很有可能在当时从未发生过，因为直到一个世纪后，这个故事才出现在编年史作家亨廷顿的作品中。亨廷顿的叙述激发了读者的想象力，使故事一直流传到今天。

虽然基本可以断定这个故事是杜撰的，但仍有几个地方声称与故事中的事件有关。南安普顿就是其中一个，在那里还有一条克努特公路，而索尔尼岛是另一个。此外，西苏塞克斯郡的博沙姆也与这个传说有关，据说克努特的一个女儿葬在这里。

故事中克努特坐在海边的宝座上，用专横的语气向大海发号施令，命令涨潮的大海在他至高无上的尘世权力面前即刻退去。克努特对他的朝臣们说："国王的权力是空虚而毫无价值的，没有任何国王配得上这个名字，只有上帝才能让天、地和大海准守永恒的规律。"这个故事并非显示国王的傲慢，而是说一个统治者意识到他的权力与上帝的全能相比是微不足道的。

按照这种解释，克努特清楚地知道在一群谄媚的朝臣面前向涨潮的大海发号施令意味着什么。他对这段经历印象深刻，据说后来再未戴过王冠。这是一个很好的故事，尽管我们永远也不会知道它是否真的发生过。

"克努特对传奇故事的热爱丝毫不亚于他之前更传统的斯堪的纳维亚统治者。"

然而，对于克努特来说，征服挪威是个未竟的事业。当挪威国王奥拉夫从海尔赫亚的一场没有胜算的战斗中归来后，他的地位变得越来越脆弱。当时，挪威所辖各地较为分散，几乎无法对一些地处蛮荒的北部地区进行治理。克努特利用从英格兰获取的巨额财富，通过赠送礼物拉拢那些心怀不满的挪威贵族。当克努特带着一支庞大的军队到达挪威时，奥拉夫的统治随之彻底崩溃，克努特成为新的挪威国王。

奥拉夫不得不逃命。他虽不久后试图夺回政权，但未成功。支持他的是同父异母的兄弟，即后来最著名的维京人之一"无情者哈拉尔德"。"无情者哈拉尔德"最终于1066年在约克郡斯坦福桥遭遇的一场灾难中丧命。而奥拉夫也在斯蒂克斯塔德战役中战死。奥拉夫是一位坚定的基督教统治者，死后不久就被封为圣徒。可以说，他死后的名望比在世担任国王时要大得多。

但是克努特在挪威的统治并不成功。他任命第一任妻子艾尔夫吉夫担任摄政王，辅佐其子斯韦恩。不过，此时一场席卷斯堪的纳维亚半岛乃至整个欧洲大陆的饥荒灾难威胁到母子的统治，且据说这对母子的统治非常严苛，激起起义频发，最终导致克努特政权的崩溃。奥拉夫的儿子马格努斯旋即取而代之成为国王。

克努特对挪威的统治是短暂的。事实上，由于帝国疆域分散，难以管理，加之统治对象多样，如对帝国中三个核心国家英格兰、丹麦和挪威的统治时日尚短，这都给统治带来了巨大的挑战。成功地管理帝国对任何人来说都是难题，而且有迹象表明克努特的朝臣，特别是那些在他死

▲ 一幅彩色雕刻画展示了克努特让其朝臣们相信他无法命令涨潮的大海即刻退去

英国维京霸主
揭示统治英国的维京血统

"克努特是第一个同时统治英格兰和丹麦的国王。"

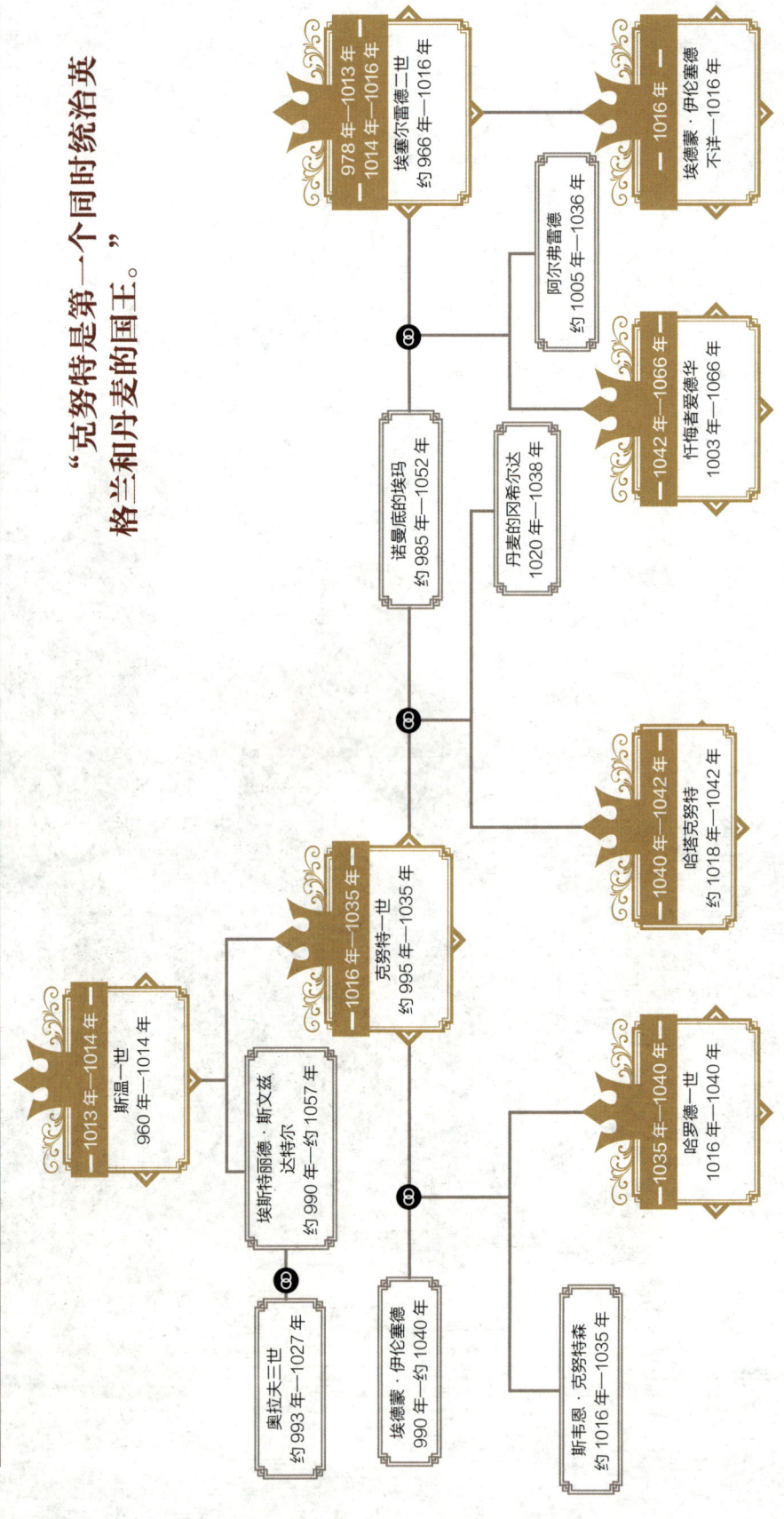

后必须管理领地的子嗣，无法胜任这项任务。他们虽然在克努特生前被寄予厚望，但事实证明其仍经验不足。

克努特确实自诩为帝国的统治者。那次罗马之行对他影响巨大。康拉德二世在加冕典礼上戴的那顶富丽堂皇的皇冠给他留下了深刻的印象，于是他也为自己复制了一顶。不久之后，克努特在寄回英格兰的信件中，含蓄地提到了其帝国统治者的身份，如他自豪地称自己为"英格兰国王、丹麦、挪威（当时未被征服）和部分瑞典之王"。毫无疑问，克努特被皇帝的荣耀吸引，在一定程度上正努力将自己塑造成帝王。

不过奇怪的是，克努特又因谦逊而闻名。如前所述，他对基督教会颇为慷慨，赢得了人们的尊重。在他统治后期访问英格兰北部时，竟然在达勒姆光着脚步行5英里去祭拜德高望重的圣卡斯伯特的陵墓。根据当时的编年史记载，克努特是一位更像僧侣的国王。尽管这些特征可能被夸大，正如当时的编年史家所习惯的那样，但这也表明克努特希望他的基督徒举动给民众留下深刻印象。

克努特的这些举动或许基于深深植根于其个人信念的政治特长。这使他成为一位"现代"统治者，一个可以平等地坐在欧洲政坛最高议席上的人，而非被其他统治者视为潜在的掠夺者。这也为他带来了巨大的政治利益，其中尤以与康拉德二世结盟为重。丹麦和神圣罗马帝国之前存在一条漏洞百出、问题重重的边界，而结盟为两国带来了稳定，使克努特得以将精力集中在未竟的挪威事业上。后来，康拉德的儿子迎娶了克努特的女儿冈希尔达，

▲ 哈塔克努特国王，克努特和诺曼底的埃玛之子，1040年至1042年的英格兰国王

这场联姻标志着克努特在欧洲事务中的地位变得更加重要。

除此之外，克努特似乎还保留了其他更多的"维京"特征。据我们所知，他对传奇故事的热爱丝毫不亚于之前更传统的斯堪的纳维亚统治者。他本人也出现在维京传奇故事中，体现出在那个充满变化的非凡时代，出现在传奇故事里的英雄往往由奥丁或雷神等众神换成了基督徒。这无疑是世界正在快速变化的标志，尽管斯堪的纳维亚半岛的一些地区即便在克努特统治时期仍然顽固地信仰异教。例如，瑞典的乌普萨拉长期以来一直是旧神的崇拜中心。克努特去世半个世纪后，不来梅的基督教作家业当记录了当时乌普萨拉仍在用动物和人进行可怕的献祭的仪式。

克努特的一生充满了活力，但这也有终结的一天。有几处迹象表明他患有某种疾病，使他痛苦不堪。1035年11月12日，克努特在多塞特郡的沙夫茨伯里去世。这一死亡地点极具象意义，因为之前被杀的英格兰国王殉教者爱德华就葬在这里。在克努特的一生中，他一直对其取代的英格兰王室表现出极大的尊重。正如我们所看到的，克努特通过采纳已故伟大国王埃德加的法律来表达敬意。他甚至前往位于萨默塞特郡格拉斯顿伯里修道院的埃德蒙·伊伦塞德的陵墓，在那里留下了一件装饰着孔雀羽毛的华丽礼物，而这是拜占庭帝国的荣光和基督教复活的象征。

克努特的宽宏大量帮助他成为一位明智的君主，能够与臣民充分沟通。虽然克努特对臣民课以重税，但臣民似乎已经认可了克努特的统治，克努特至少给他们带来

了和平与安全，这与他执政前的40年形成了鲜明对比。虽然臣民对他的情感往往是尊敬而非爱戴，但对那些经历了"仓促王"埃塞尔雷德二世统治创伤的人来说，克努特统治时期是值得庆幸的喘息间歇。

克努特安葬在位于温彻斯特的盎格鲁-撒克逊皇家陵墓，他与其他英格兰国王和圣人长眠在一起。而这也是他所信奉的对待英格兰人采用同化而非压制态度的体现。讽刺的是，克努特的遗体未能入土为安。16世纪时，他和妻子埃玛的遗体被一起装进大箱子里，高高地安放在温彻斯特大教堂的圣所内。

在17世纪的英国内战中，议会军队攻入温彻斯特大教堂，反君主制的士兵打开了装有克努特尸骸的箱子，用他的腿骨打碎了西窗那块华丽的彩色玻璃。1660年君主制复辟后，这些骨头又被收集起来存放在太平间的箱子里，但此时它们已杂乱无章，根本分辨不出原来的样子。就在本文成文之际，温彻斯特大教堂设立了一个临时实验室，试图将克努特的右侧骨骼与右侧胸膛相匹配，以便克努特与埃玛能够再次并肩安息。

克努特在建立一个囊括英格兰和斯堪的那维亚半岛的帝国方面取得了巨大成就，也许最好的证明就是这个帝国在他死后不久就开始瓦解了。没有了克努特充沛的精力、伟大的远见和精力十足的干劲，其继任者对国家的统治难以为继。克努特与北安普顿的艾尔夫吉夫所生的儿子哈罗

▲ 一枚银币的正面有克努特国王像，年代为约1017年—1023年

德·哈雷福特、与埃玛结婚所生的儿子哈塔克努特，随后相继成为英格兰国王。但两者的统治和生命都没有持续很长时间，也没有任何迹象表明如果两者长寿的话，便会是非常成功的君主。

克努特死后，哈罗德成为英格兰唯一的国王，但不久之后去世。哈塔克努特随后成为国王，但没过多久在一次婚宴上过度放纵后也去世了。1042年，当克努特的亲生儿子全部去世后，王位又回到盎格鲁-撒克逊人的血脉一系，忏悔者爱德华成为国王。爱德华的祖先可以追溯到威塞克斯王国的策尔迪克，他是6世纪威塞克斯的统治者，声称自己是《圣经》中亚当和日耳曼、挪威神沃登、奥丁的后裔。几个世纪后，这种血统的痕迹虽已淡化，但仍然留在英格兰王室。

克努特是仅有的两位同时统治英格兰和丹麦的国王中的第一位国王，他有能力同时管理好两个国家。他巧妙地利用了英格兰的巨大财富，仿效英格兰政府的一些做法，把丹麦建成强大的民族国家。同时，他在英格兰教会的帮助下，在丹麦建立年轻的教会，并使用雇佣英格兰的货币商等更实用的方法推动丹麦货币的发展。

克努特国王在丹麦的长期统治比他在英格兰的统治更令人印象深刻。但他统治英格兰的时期依然是一个迷人的时代，诞生出多位英格兰及欧洲历史上非常成功的君主，以及卓越的成就。

▲ 坎特伯雷大教堂的克努特彩色玻璃像

ribat

temenfi...

fes

de lor
ferray
clar esepia
moltes bones
baten los huns
taya esabundad
fruytes

E aquest loch pasen los mer-
chaders q entren en la terra del
negres de gineua lo qual pas es
appellat vall de darha

sigilmessa

tacoram

anasguota

Tota aquesta ptida tenen gens q son
en boscats q no es veu hom sino los vils
euan entendes e san caualcades al
camels e ay besties qui ha nom lemp
e daquel cuyr fan les bones targues

tagaza

sudam

ciutat de mely

tenbuch

马里帝国

1230年—1670年

马里帝国横跨西非，处于撒哈拉沙漠贸易路线上的关键位置，统治马里帝国的曼萨人也因此富裕起来。1324年，国王曼萨·穆萨（加泰罗尼亚地图上的戴金冠者）前往麦加朝圣时，曾安排6万人和满载黄金的驼队随行，炫耀其惊人的财富。

▲ 西班牙《加泰罗尼亚地图集》局部（1375）
现存于巴黎法国国家图书馆

奥斯曼帝国

土耳其人白手起家，征服了三大洲，缔造出一个拥有700年历史的帝国。

威尔·劳伦斯 / 文

这个帝国的建立源于一个梦的许诺。某天晚上，土耳其部落首领奥斯曼在一位圣人家门外睡觉时，做了一个梦。他梦见一轮明月从圣人胸膛升起，飞入自己怀中，而后自己的肚脐上突然长出一棵极其伟岸的大树，树冠直插入云霄，树枝伸展开来包围了整个世界。圣人将梦解释为上天许诺他必将获得帝王之位。这个梦最终成为现实。

事实上，最早对这段梦境的记述是在奥斯曼去世百年后的15世纪才开始的。然而，它作为帝国的核心创始神话，为帝国的卓越成功提供了世俗和神圣的解释。奥斯曼帝国的确拥有非凡的成就，它崛起于西安纳托利亚最小公国的平原，巅峰时期势力范围东西从匈牙利延伸到波斯湾，南北从高加索延伸到北非。不过，帝国自17世纪开始缓慢衰落，直到20世纪20年代最终灭亡。

早在14世纪初奥斯曼帝国崭露头角时，它只是中亚众多争夺黑海、爱琴海和地中海之间的安纳托利亚区域的土耳其部落中的一员。这片区域曾属于东罗马帝国，君士坦丁堡建成后继续成为拜占庭帝国的一部分。然而，当伟大的君士坦丁堡在前一个世纪被第四次东征的十字军征服后，拜占庭帝国开始衰落。至14世纪时，拜占庭帝国在亚洲的领地只剩下安纳托利亚海滨的几个港口。

土耳其人的第一步是在奥斯曼的带领下，以牺牲安纳托利亚的其他土耳其部落为代价，推翻拜占庭帝国的统治，确立自己的地区权威。这一区域自1291年波斯帝国的蒙古领主爆发继承之争起，就展现出自治的力量。尽管后来其他土耳其部落逐渐妥协，但奥斯曼仍然坚持斗争。至1299年，土耳其军队包围了尼西亚城，土耳其人伟大的征服时代即将到来。

1302年，拜占庭皇帝安德罗尼卡二世对奥斯曼日益增长的影响及对拜占庭边境地区的经年侵扰产生警觉，于是召集军队准备将其驱逐出境。然而，拜占庭军队在离君士坦丁堡不远的马尔马拉海南岸遭遇土耳其人伏击，反而被赶了回去。

这是土耳其人对拜占庭的首次大胜，随后他们乘胜追击，不仅极大地提升了奥斯曼的声誉，也严重削弱了布鲁萨和尼西亚两座城市之间的联系。而奥斯曼麾下则聚集起成千上万的土耳其民众。面对奥斯曼势力的不断壮大，安德罗尼卡二世开始寻求盟友帮助，但最终不了了之。而土耳其人的劫掠一直持续到1323年—1324年奥斯曼去世前后。奥斯曼的儿子奥尔汉继承了王位，并在1326年从拜占廷帝国手中夺取了布鲁萨城后，将其定为首都。这标志着奥斯曼帝国的诞生。

奥斯曼帝国的早期领导人

奥斯曼一世：
我们对这位帝国的开创者、安纳托利亚西北部小公国统治者的背景知之甚少。奥斯曼帝国的名称来自其名字的阿拉伯语形式 Uthmān。奥斯曼一世死于 1323 年或 1324 年。

穆拉德一世：
第一个苏丹皇帝，统治时间为 1360 年—1389 年。他见证了奥斯曼帝国在安纳托利亚和巴尔干半岛的快速扩张。在其统治下，出现了用于巩固帝国统治的新形式的政府和行政系统，苏丹亲兵制度（或称德夫沙尔美制度）和血贡制度（或称儿童税制度）也渐趋成熟。

巴耶塞特一世：
"雷霆"巴耶塞特一世是最具野心的土耳其领导人，于 1389 年—1402 年间统治土耳其，并在传统穆斯林制度的基础上建立了第一个中央集权的土耳其国家。他还强调奥斯曼帝国征服安纳托利亚及对异教徒发动战争的必要性。

穆罕默德二世：
"征服者"穆罕默德二世在 1444 年—1446 年统治奥斯曼帝国，并于 1451 年—1481 年间再次执掌政权。他虽年轻，但刚毅地否决了顾问的意见，征服了君士坦丁堡，占领了拜占庭帝国，为奥斯曼帝国赢得了心腹之地，并为其随后 400 年的发展奠定基础。

苏莱曼一世：
1520 年—1566 年统治奥斯曼帝国。苏莱曼一世通过大胆的军事行动拓展了帝国的疆域。他将医院骑士团赶出罗德岛，并在莫哈奇取得大胜。在他统治期间，奥斯曼帝国在法律、文学、建筑和艺术领域均取得了巨大进步。

帝国的扩张

从 14 世纪到 16 世纪，土耳其人繁荣昌盛，威胁到欧洲腹地

1340 年，拜占庭帝国爆发内战，土耳其人应邀介入帝国事务，并于 1354 年占领了加利波利半岛，从而获得首个欧洲据点。1361 年，穆拉德一世占领了阿德里安堡城，将其更名为埃迪尔内，1365 年这里成为奥斯曼帝国的新首都。

随着土耳其人的领地逐渐包围了君士坦丁堡，拜占庭皇帝约翰五世被迫签署条约。最终，君士坦丁堡这座曾经强大的城市沦为土耳其人的附庸。

随后，土耳其人以埃迪尔内为欧洲基地，继续向巴尔干进军。塞尔维亚帝国也在这一时期蓬勃发展，两国间的冲突不可避免。虽然穆拉德一

▲ "征服者"穆罕默德进入战败后的君士坦丁堡

奥斯曼帝国的政府机构

苏丹
虽然没有一个被称为底万的大臣会议，但苏丹拥有绝对的权力，所有的法律都以他的名义制定。

政府工作人员
和罗马人一样，土耳其人也拥有一个以大维齐尔（即宰相）为首的强大行政机构。

军事精英
土耳其人通过常备军监管这个庞大的帝国，并通过附庸的国王和部落首领控制臣民。

圣人
苏丹"哈里发"是先知穆罕默德的继任者，而宗教精英乌力马则是重要的立法者。

米利特
米利特是一种非穆斯林社区，被赋予独立性，允许自行任命宗教领袖和制定法律。

世在1389年科索沃战役的决定性一战中丧命，但奥斯曼帝国再次取得胜利。穆拉德一世的儿子巴耶塞特一世继承王位，并赢得"雷霆"的称号，彰显出强大的军事实力。

巴耶塞特一世曾夸下海口，扬言要在罗马圣彼得教堂的圣坛饮马，他也的确实力了得。平息帝国内部叛乱后，他进一步率军占领了波斯尼亚和保加利亚，随后与西欧正面交锋，并在1396年尼科波利斯战役中打赢了与欧洲重装骑兵的第一仗。1402年，蒙古人在东部的继承者、传说中的领袖帖木儿异军突起。土耳其人没能逃过此劫，巴耶塞特一世被帖木儿击败，并在阿纳卡拉被俘，土耳其人的势头遭到遏制。巴耶塞特一世死后，奥斯曼帝国陷入权力斗争，面临瓦解的危险。

然而，当1422年苏丹穆拉德二世首次围攻君士坦丁堡时（虽未成功），奥斯曼帝国的命运有了转机。1439年苏丹穆拉德二世又对匈牙利发起进攻，并于1444年在瓦尔纳取得了奥斯曼帝国最伟大的胜利之一——在瓦尔纳彻底打败了匈牙利人及包括强大的日耳曼骑士在内的西方十字军。

穆拉德二世的继任者穆罕默德二世被西方称为"征服者穆罕默德"。他巩固了奥斯曼帝国在欧洲的势力，最终于1453年攻占君士坦丁堡，并蹂躏了巴尔干诸国。在希腊地区，土耳其人最先逼迫雅典公国于1456年投降，随后也很快征服了伯罗奔尼撒半岛。

不过，随后臭名昭著的瓦拉几亚大公弗拉德三世·采佩什（亦称"穿刺王"）给奥斯曼帝国带来了麻烦，而医院骑士团也成功地保卫了罗得岛，但这并未影响穆罕默德二世的斗争。1480年，他发动入侵意大利的大胆战役，引起了西欧的恐慌。最后拯救意大利的不是欧洲的军事力量，而是1481年穆罕默德二世的去世。

1520年，公认的奥斯曼最伟大苏丹苏莱曼大帝登基。他于翌年便攻占了贝尔格莱德，第三年又占领了医院骑士团守卫的罗德岛，并于1526年赢得了他最伟大的胜利——彻底摧毁了匈牙利王国。

此后，土耳其人开始重击哈布斯堡王朝统治的庞大帝国，并令欧洲其他地区战栗。他们继续向北非扩张，发动了马耳他大围攻（1565年）、占领塞浦路斯、勒班托海战（1571年）和克雷斯特屠杀（1596年）等许多著名战役。敌人既已兵临城下，欧洲腹地的战争也将打响。

1481 年—1683 年奥斯曼帝国征服的领地

- 1481年奥斯曼一世
- 1512年—1520年塞利姆一世的扩张
- 1520年—1566年苏莱曼的扩张
- 1566年—1683年的扩张
- 沙漠

苏丹亲兵

土耳其军队是中世纪欧洲闻所未闻的可怕机器，
其精锐部队便是强大的苏丹亲兵

在中世纪的欧洲，土耳其军队是个独特的存在。整个帝国都为战争而生，且以战养战，即便在帝国后期也不例外。1683年围困巴格达之际，面对要求以决斗分胜负的波斯人，苏丹穆罕默德四世竟然亲自上阵，手刃波斯勇士。

与常遭其打败的欧洲军队不同，土耳其军队由全职的专业士兵组成。而苏丹亲兵（或称新军、禁卫军）更是众多部队中的佼佼者。这支只为战争而生的土耳其精锐步兵，甚至连婚姻和家庭都不能拥有。

苏丹亲兵唯一的爱好就是战斗，而唯一效忠的人只有苏丹。他们是苏丹的部下，也是他的贴身保镖。由于伊斯兰法律不许奴役穆斯林同胞，苏丹亲兵都是从基督徒奴隶男孩中招募而来，但这也无法掩盖其在奥斯曼帝国享有的荣誉和威望。

这些男孩大多从巴尔干的贫苦农村征募而来，在家毫无职业发展的希望，入伍反而是一条出路。他们离家后很少屈服，且一旦皈依伊斯兰教，接受教育和训练，便成为这个尚武帝国的重要角色。随着时间的推移，他们甚至成长为像古罗马禁卫军那样的国王拥护者，比如他们曾在1622年反抗奥斯曼二世，帮助穆斯塔法夺回苏丹之位。

征兵

后世将1377年穆拉德一世招募基督教战俘视为苏丹亲兵制度的开端。穆拉德一世的继任者巴耶塞特进一步完善了这一举措，于1380年征募巴尔干国家8至18岁的基督徒男孩入伍。15世纪时，苏丹穆罕默德二世曾写道："我们用异教徒心中的油点亮我们的灯。"

奥斯曼官员每隔3到7年就去一次巴尔干村庄，征召最英俊、最强壮、最聪明的男孩成为苏丹亲兵、行政人员或宫廷仆人。

奥斯曼帝国早期为避免百姓陷入贫困，免除家中长子、独子及寡妇儿子的兵役，且不会带走村庄的全部牲畜。为了帝国的利益，土耳其人尽力维持巴尔干半岛农业的繁荣，以促进帝国发展并预防叛乱。16世纪时，每年约有1000至3000名男孩应征入伍。

贫困山区的家庭通常愿意让儿子入伍，乐见其踏上帝国的职业阶梯。苏丹亲兵虽然严格来说仍是奴隶，但被允许与家人保持联系；且作为苏丹私人的财产不会被买卖。

▲ 奥斯曼士兵在巴尔干半岛征募苏丹亲兵

苏丹亲兵的装备

帽子
苏丹亲兵的独特头饰是将一个朴素的木勺系在帽子的前面作为徽章。这象征着战友谊间的友谊——他们一同吃饭，一同战斗，一同死去。

长袍
一种叫作卡皮纳特的毡制外套，既轻便又防水。

制服
基层士兵穿着蓝色羊毛制服，而高级军官则穿着毛皮装饰的夹克。

宽腿马裤
他们把袍子塞进裤子里面，以免行军或战斗时不便。

火绳枪
第一批苏丹亲兵是一流的弓箭手，但当火绳枪普及后，他们迅速更换了武器。

斧子
小手斧在近战中非常实用，而宫廷守卫则手持长柄斧和戟。

土耳其弯刀
一种轻型的单刃弯刀成为军团的象征。

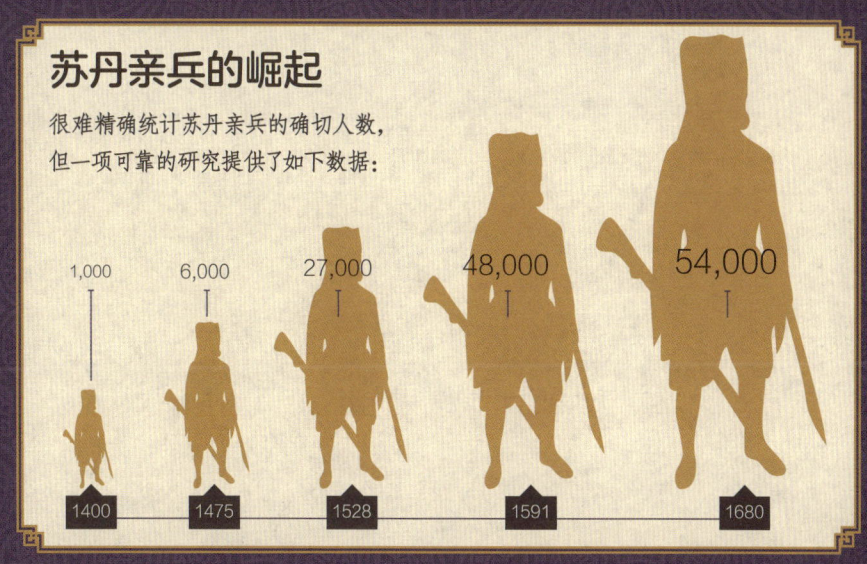

训练

　　这些男孩一旦被送往土耳其首都（这本身就是一场考验），便被施行割礼，并皈依伊斯兰教。大多数人是自愿的，很少有人回归基督教。接着，他们会接受测试，检验潜力大小。其中最聪明者会被选入宫廷学校，随后为土耳其宫廷或政府工作。

　　而那些未被选中者，则会被分配军职，并租借到土耳其村民家中工作七年之久。服役结束后，他们被送回训练基地，大多数人接受正规步兵训练，并学习武器技能、严格的纪律以及数学等。一些更有前途者被挑选到有权势的家庭接受教育，学习射击和驾车等更多技能。

　　军营生活给新兵们灌输了忠诚意识。他们在大部队外出作战时也充当警察和消防队员的角色。在那些成长岁月里，他们接受了团队生活的传统，对着一个盛着盐、《古兰经》和剑的托盘宣誓效忠伙伴，最终还是要效忠苏丹。在整个帝国里，他们是苏丹的耳目和终极战斗机器。

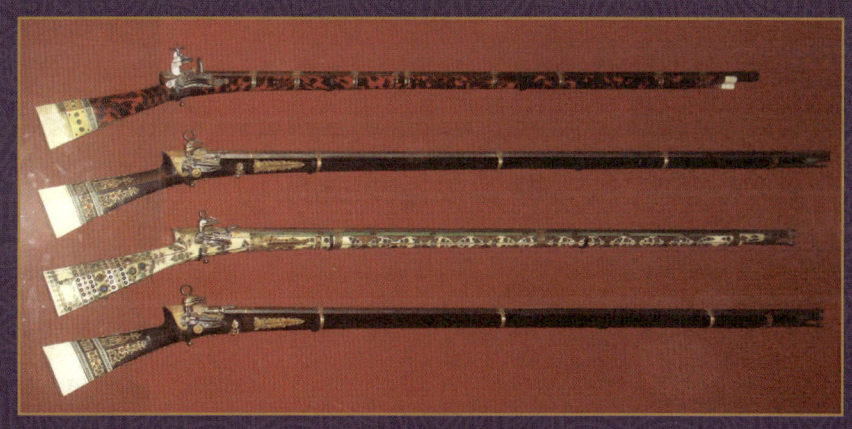

▲ 当火绳枪普及后，苏丹亲兵迅速更换了武器

君士坦丁堡的陷落

尽管土耳其人早已统治了君士坦丁堡的周边区域，
但对奥斯曼帝国而言攻陷君士坦丁堡仍具有象征意义

征服者穆罕默德对君士坦丁堡发动了最后的进攻，将这个昔日庞大帝国的最后遗迹收入奥斯曼帝国的怀中。尽管长期以来君士坦丁堡已是奥斯曼帝国的附庸，但穆罕默德仍然渴望占领带来的荣耀。1451年，穆罕默德登基之后迅速调动军队，在黑海岸边击溃了拜占庭残部。1452年，他在博斯普鲁斯海峡欧洲一侧的海岸上建造了一座城堡，与亚洲一侧海岸上的土耳其城堡遥相呼应，从而实现了对这条重要水道的战略控制。

土耳其人此时控制了进出黑海的所有船只。穆罕默德的大炮很快击沉了一艘违命拒绝停船的威尼斯船。穆罕默德将船员悉数斩首，刺死了船长安东尼奥·里齐。一位历史学家曾写道："当里齐的尸体在雨中腐烂时，绝望的拜占庭人向西方发出了最后的求援。"不过，由于热那亚、威尼斯和拉古萨这些贸易大国与奥斯曼帝国有密切的贸易往来，且彼此存在分歧，所以并未援助拜占庭。神圣罗马帝国的皇帝向穆罕默德发出了严厉警告，但徒劳无功。苏丹也发出了他的警告：拜占庭人必须在1453年3月5日前离开这座城市，否则就将承受他的怒火。

为什么奥斯曼帝国如此成功？

1 常备军
奥斯曼帝国是自罗马帝国以来首个拥有专业军队及出色后勤保障的国家。当欧洲的统治者不得不哄骗那些争吵不休的领主参战时，土耳其人却可调动运转良好的战争机器投入战斗。

2 高昂的士气
土耳其军队除为战争而生的苏丹亲兵外，其他军队则受到征讨异教徒的宗教狂热的驱使。他们的领袖成功地运用了战略战术，保持了高昂的士气。

3 灵活的治理
土耳其人虽然在征服方面非常强硬，但在统治上却很温和，容忍异教徒治理那些很难改变信仰的地区，并允许其保留当地的法律和习俗，以便百姓能更好地支持帝国的战争机器。

袭击

据说为了攻陷这个基督教世界最东端的心腹之地,穆罕默德集结了整个奥斯曼帝国的30万兵力。这个数字看似有些夸张,但君士坦丁堡城内可能只有1.2万人。两者间的悬殊差距一目了然。

当庞大的土耳其舰队驶入马尔马拉海时,一件可怕的战争武器出现在君士坦丁堡最外层城墙前。这是一门28英尺长的大炮,据说其青铜炮管有八英寸厚,须由700人和60头牛才能把它拖到指定位置。

君士坦丁堡由两组布满塔楼的巨大城墙组成的石制防御工事同样令人生畏。拜占庭皇帝还下令在金角湾入口处布置一条粗大的铁链,防止土耳其船只偷袭内海城墙。

土耳其人发现战事开局异常艰难,他们的大炮在对抗高耸的城墙时未能达到预期效果,攻城塔遭到点燃,挖掘隧道的尝试也被击退。更糟的是,4月时拜占庭方的一支小型补给船队竟然成功突破封锁,安全进入金角湾。

穆罕默德加大了筹码,很快就完成了一项非凡的工程壮举。土耳其人修建了一条从博斯普鲁斯海峡到斯普林斯的木栈道,借此将70艘船拖入金角湾。此时,穆罕默德终于可以从更近的地方发起海上攻势了。

1453年5月29日,穆罕默德从陆地和海上同时发起最为猛烈的进攻。他的苏丹亲兵从一道城墙豁口冲入,并取得了最终的胜利。据推测,英勇的拜占庭皇帝君士坦丁十一世在集结士兵时殉国。

穆罕默德允许土耳其人对城市劫掠3天,成千上万的平民沦为奴隶,直到苏丹接管了这座著名的城市,并开始将其重建为一个伊斯兰大都市。

1. 4月6日开始轰击
土耳其人沿着由提奥多西一世当年修建的城墙进行挖掘,并用重炮轰击防御工事,而工兵则在塔楼下进行挖掘。此外,土耳其人还使用比城墙还高的攻城塔摧毁防御工事。

2. 4月20日一支小型船队到港
三艘教皇的大桡船和一艘拜占庭式的运输船满载着来自西西里的玉米和其他必需品,乘风破浪穿越马尔马拉海。土耳其船只试图与之交战,但随之引发一场惊心动魄的猫鼠追逐。最后,基督徒成功驶入金角湾,为君士坦丁堡完成了补给。

3. 4月22日陆地行船
默罕默德将70多艘船只从陆路运入金角湾以北的一条河流。拜占庭试图突袭这支新建船队,但出现失误,死伤惨重。

4. 5月28日最后之战
苏丹亲兵和安纳托利亚步兵先是对城墙西北部的薄弱部分进行第一波攻击,但被基督徒的疯狂防御击退。不过,苏丹亲兵精锐部队的最后一次进攻最终扭转了局势。

5. 5月29日君士坦丁堡陷落
土耳其人冲破了外城大门,拜占庭皇帝君士坦丁十一世被迫退回内墙。许多评论家指出,拜占庭皇帝是在指挥最后一次反攻时阵亡的。

奥斯曼帝国
指挥官:穆罕默德二世
士兵:8万人—30万人
船只:90—125艘
伤亡:惨重,但不详

拜占庭
指挥官:君士坦丁十一世
士兵:7000—12000人
船只:26艘
伤亡:约4000人

▲ 1453年征服君士坦丁堡

塞尔维亚帝国

强人杜尚历经长达 17 年的谋划与攻防，
将塞尔维亚从巴尔干的一潭死水建设成欧洲最强大的帝国之一。

詹姆斯·霍尔 / 文

　　从外部看，中世纪塞尔维亚帝国的短暂历史不过是希腊拜占庭帝国的痛苦衰落和奥斯曼土耳其的强势崛起之间的一段插曲。但从内部看，这却是一项令人震撼的成就——它孕育了一个教会、一种文化以及一种将民族维系在一起的神话和国家意识。

　　巴尔干半岛是拜占庭帝国的传统领地。即便在分散于巴尔干北部山区的公国和小领地上，拜占庭帝国的权威虽已衰弱，但依然存在。和西罗马帝国相似，这个被称为东罗马帝国的庞然大物同样遭到蛮族的包围。6—7世纪，斯拉夫人和保加利亚人移居到拜占庭帝国的外围地区，推翻了那里的希腊–罗马文明。12世纪下半叶至13世纪上半叶间，塞尔维亚的尼曼雅王朝崛起。通过采矿、通商、建立联盟以及拙劣地模仿拜占的礼仪和宗教仪式，塞尔维亚从一个由相互竞争且争吵不断的部落构成的群体发展成为受到认可的中世纪国家。

　　尼曼雅王朝巧妙地使位于西、北部的罗马天主教和位于东、南部的东正教这两个看似水火不容的信仰及政权实现了脆弱的权力平衡。这为其赢得好评，以至于教皇抬举其为大茹潘，给予国王的待遇。斯特凡·尼曼雅一世成为第一位受教皇使节加冕礼的大茹潘，而其兄弟圣萨瓦则成为塞尔维亚东正教会的第一位大主教。

　　尼曼雅王朝的国王与塞尔维亚教会有着共生关系。大多数国王都被尊为圣徒，但那位最伟大者却不在其列。1346年，强人杜尚撇开拜占庭帝国，自封"塞尔维亚人和希腊人的皇帝"，并扩大自己的教权，使塞尔维亚教会在君士坦丁堡

▲ 圣萨瓦为他的兄弟斯特凡·尼曼雅一世戴上王冠。加冕本该由教皇的使者进行,但受斯特凡·尼曼雅一世建立的塞尔维亚东正教的影响,这种创造性的做法也得到了教会的许可

分离出来。当时,只有东正教的宗教领袖牧首才能为皇帝加冕,而君士坦丁堡的牧首当然不会答应。杜尚对此不以为然,依然我行我素,展现出强势的一面。然而,最终玷污了这位塞尔维亚中世纪最伟大君主和牧首任命者光环的,却是他的弑父之举。

杜尚的父亲斯特凡·德坎斯基,曾因图谋推翻杜尚的祖父斯特凡·米卢丁而被刺瞎双眼,并被流放到君士坦丁堡。杜尚在拜占庭的宫廷中长大,接受了最好的教育,熟悉拜占庭的文化和传统。

1320年,米卢丁与德坎斯基和解。老国王死后,这位流放王子成功回国并登上王位。德坎斯基声称他的视力已奇迹般地恢复,因而适合担任国王,尽管有人怀疑他从一开始就未完全失明。

1330年,杜尚随父率军成功征服了保加利亚第二帝国,并获得了马其顿的大片领地。但维尔布茨德战役胜利后,塞尔维亚贵族越发对于德坎斯基对拜占庭的软弱感到失望,呼吁其采取更具侵略性的行动。杜尚支持贵族的看法,也许这样会使贵族认为他与半盲的父亲相比是一个更具可塑性的君主。

于是在获得贵族支持后,杜尚便兴兵罢黜

> "1341年6月15日,安德罗尼卡三世去世,几乎与此同时杜尚的部队立即向塞萨洛尼基挺进。"

其父，登上王位。即位之初，他便将心腹安插在重要位置，并镇压了泽塔地区领主们的起义。贵族们呼吁独裁者的出现，现在他们如愿以偿。德坎斯基为人虔诚而谨慎，但杜尚却处心积虑、咄咄逼人。他恢复了与保加利亚的关系，阻止了一个可能威胁塞尔维亚的拜占庭-保加利亚联盟的诞生。他还不断向匈牙利施加压力，确保其为所有越过多瑙河的出击付出惨重的代价。但另一方面，他放松了对西面的控制，这使邻国波黑的巴纳特夺取了塞尔维亚的部分土地（现在的黑塞哥维那），而拉古萨共和国（现在的杜布罗夫尼克）也趁机在内陆和沿海地区扩大领土。

杜尚深知收复这些土地并无太大意义，那里的领主愿意接受任何人的统治，一切都将照旧。而拉古萨是塞尔维亚在亚得里亚海的贸易门户，虽然一场战役就能轻易夺回，但其经济代价是巨大的。因此，杜尚认为不如趁拜占庭内讧向南进军。上天确实给了他一个绝佳的机会，密谋反对拜占庭帕里奥洛加斯王朝皇帝安德罗尼卡三世的地方总督锡尔吉安尼斯叛逃到塞尔维亚。杜尚利用锡尔吉安尼斯掌握的情报率军占领了马其顿全境，并继续围攻塞萨洛尼基。其间，锡尔吉安尼斯被一名拜占庭叛逃者引出塞尔维亚营地杀害。于是，一个叛国者被另一个伪装的叛徒杀死，这一幕充满了戏剧性。

随后，安德罗尼卡三世提出讲和，承认塞尔维亚对马其顿的征服，但不会放弃希腊。杜尚鉴于缺少叛军的情报及盟友的帮助，战斗将十分艰苦，遂接受了和约。最终，安德罗尼卡三世在东部几乎战乱不断的背景下，尽力安抚好战的塞尔维亚君主，并在为期七天的峰会上起草了一项和平协议，这份协议在他1341年去世前一直有效。

随后，杜尚又将目光转向阿尔巴尼亚。阿尔巴尼亚虽在形式上是拜占庭的一个省，但在塞

神话和记忆

塞尔维亚在中世纪的兴衰史通过史诗保存下来

▲ 16世纪一张描绘科索沃战役的俄国微型画

塞尔维亚中世纪的辉煌、英勇、胜利和衰落的故事，由普通民众以史诗的形式保存下来，并用一种名为古斯尔的弦乐器伴奏吟唱。这些故事虽被美化，但与独特且持续的塞尔维亚东正教一起，帮助塞尔维亚人在奥斯曼帝国数世纪的漫长且黑暗的统治下保存了自己的身份。

最著名的作品是史诗"科索沃集群"，详细描述了杜尚身后数十年间发生的事件。1389年科索沃战役期间，尼曼雅王朝的后裔，有"天堂王子"之誉的拉扎尔·赫雷贝利亚诺维奇率领一支由塞尔维亚人、波斯尼亚人和医院骑士团组成的人数处于劣势的联军，迎战奥斯曼人。已分裂成数个小国的塞尔维亚最终战胜了奥斯曼人，但双方都付出了惨重的代价，拉扎尔·赫雷贝利亚诺维奇和苏丹穆拉德一世双双战死，两军几乎全军覆没。当第二年土耳其人卷土重来时，塞尔维亚已无力抵抗。

尽管没有留下关于这次战役的任何记录，但拉扎尔的牺牲被塞尔维亚东正教认定为殉道，至今仍是团结塞尔维亚民族的有力号角。

尔维亚及沿海的威尼斯公国和西西里王国的压力下，早已名存实亡。杜尚的军队轻而易举地占领了阿尔巴尼亚，但尚无资料记述其具体占领了多少土地。

1341年6月15日，安德罗尼卡三世去世，几乎与此同时杜尚的部队立即向塞萨洛尼基挺进。不过，杜尚并非盯着尸体的唯一豺狼——土耳其海盗掠夺了希腊海岸，而阿尔巴尼亚部落也起义反抗拜占庭的统治。

由于安德罗尼卡三世的继承人约翰五世只有9岁，于是老皇帝最亲密的盟友约翰·坎塔库泽努斯出任摄政王，统治国家。不过，在他离开君士坦丁堡前往色雷斯迎战杜尚之际，他的政敌约翰五世的母亲萨伏依的安娜发动政变将他罢黜，自任摄政王。愤怒的坎塔库泽努斯旋即自封为帝，称约翰六世。拜占庭随之爆发内战。

坎塔库泽努斯急于重掌政权，于是被迫与魔鬼达成协议，向杜尚抛出了橄榄枝。1342年7月，杜尚同意出兵支援坎塔库泽努斯，但作为回报他要求占领塞萨洛尼基以西的拜占庭领土，并且可在战役期间占领希腊的任意城市。然而，随着局势逐渐向有利于坎塔库泽努斯的方向发展，杜尚发觉他对这位王位觊觎者的控制力正在下滑。而好出风头的坎塔库泽努斯竟然在塞尔维亚人的眼皮底下窃取了塞军正在围攻的城镇——他进城接受了城镇的投降，不费一兵一卒就将之置于自己的控制之下。这令杜尚转而与萨伏依的安娜结盟，倒向了另一方。

面对这一局面，坎塔库泽努斯再次与魔鬼达成协议。令人难以置信的是，他取得了奥斯曼土耳其人的支持，转为征战色雷斯，这相当于把西部地区拱手送给了杜尚。截至1345年，塞尔维亚人控制了除塞萨洛尼基外的整个马其顿，以及除港口城市都拉斯外的整个阿尔巴尼亚。

阿索斯山是希腊东正教最重要的修道院所在地，而现在则落到了杜尚这位外国国王手中。他

◀ 捷克艺术家阿尔丰斯·穆夏绘制的杜尚加冕为塞尔维亚人和希腊人皇帝的场景。为其斯拉夫历史伟大时刻绘画系列的一部分

一方面要求神父在祈祷中认可他与拜占庭皇帝具有同等地位，另一方面又赠予各个修道院土地，并免除税收。尽管君士坦丁堡强烈抗议，但阿索斯的神父们依然接受了杜尚的馈赠，并任命塞尔维亚大主教担任牧首。1436年的复活节，杜尚在希腊、塞尔维亚和保加利亚教士的簇拥下加冕称帝。

杜尚确实很符合皇帝的形象，他被描述为高大威猛、英俊潇洒且魅力四射。如果不是1991年考古学家分析了杜尚的脊椎骨，得出这位塞尔维亚皇帝身高超过2.13米（7英尺）的结论，或许后世会将上述描述视为民间传说。不仅如此，杜尚的保镖由与他身材相配的101名骑士组成，且其中担任旗手的扈从需要扛起40公斤重的旗帜，这表明他必须比杜尚还要高大才能胜任。

最终，坎塔库泽努斯在奥斯曼人的帮助下打败了萨伏依的安娜，1347年5月在君士坦丁堡加冕为约翰五世的共治皇帝。但其统治并不长远。随着1347年和1348年相继暴发瘟疫，杜尚趁机南下，夺取了希腊的塞萨利和伊庇鲁斯，并将阿尔巴尼亚移民重新安置在那里。1350年，坎塔库泽努斯试图收复拜占庭的巴尔干边界，但收效甚微。至1352年，当坎塔库泽努斯不愿将权力分享给已经成年的约翰五世时，两者再度爆发内战。

帝国不仅需要征服，也需要管理。1349年，杜尚以一部几乎涵盖生活方方面面的综合性法典，巩固了塞尔维亚的世俗和精神生活。在忠诚的塞尔维亚总督和驻军的监视下，杜尚保留了希腊土地上的拜占庭式行政。希腊的精英们仍然留任，这与杜尚允许阿尔巴尼亚首领们自行治理国家一样，只要精英们给予他应有的尊重。

然而，杜尚的伟大事业因其离世而中断。他与罗马教皇建立了牢固的联系——他因自立为帝而疏远了东正教世界，转而向罗马寻求精神支

▲ 1347年—1354年，拜占庭皇帝约翰六世将阿尔巴尼亚、马其顿、塞萨利和伊庇鲁斯全都败于塞尔维亚人

持，并希望担任反抗奥斯曼土耳其人入侵的东征十字军的领袖。他从未放弃攻破君士坦丁堡城墙的梦想，并希望名副其实地统治希腊人。

也许杜尚的帝国本可以更长久地对抗奥斯曼人，也许他还可以找到比傲慢的拜占庭人更热心的盟友，但历史终未如此。1355年杜尚突然去世，随后20年里软弱的继承人和不和的贵族们使塞尔维亚四分五裂，最终使其变得比杜尚继位之初还要弱小。

至1390年，塞尔维亚沦为奥斯曼帝国的附庸国，且在随后的488年间从未改变。

葡萄牙帝国

葡萄牙兴于微末，成于独创，可谓早期现代世界羡慕的对象，但也因此引发竞争，最终导致衰落。

琼·伍勒顿/文

1890年，葡萄牙接到最后通牒。几个世纪以来，英国、法国和荷兰一直在蚕食葡萄牙残存的皇权。此时，随着19世纪进入最后10年，英国更是向其发出最后通牒，要求里斯本放弃"粉色地图计划"，该计划声称对仅存的两个非洲殖民地安哥拉和莫桑比克之间的土地拥有主权，因为英国宣称这片土地归自己所有。这场外交冲突最终在葡萄牙引发重大的社会和政治变革，并对这个曾经被誉为全球最强大的帝国给予致命一击。

葡萄牙对此早已司空见惯，它自17世纪起便感受到帝国的财富正在遭受欧洲竞争对手的多方攻击，后者觊觎其遍布非洲、亚洲、太平洋和美洲的领土，渴望在财富与权力方面分得一杯羹。特别是在18世纪和19世纪，随着荷兰和英国在利润丰厚的印度贸易路线上占得更大份额，同时侵占了葡萄牙在印度各地的商栈，葡萄牙帝国开始衰落，甚至解体。曾在征服世界方面处于领先地位的葡萄牙帝国，正不情愿地沦为全球舞台上的小角色。

不过，葡萄牙在15世纪初开始对外扩张时，尚非一个大国。1415年8月，野心勃勃的国王约翰一世携三个儿子突袭了北非城市休达。那里紧邻欧洲，作为重要商埠，战略意义重大。虽然在征服休达伊始，葡萄牙王室一度不知该如何处置，但很快约翰之子亨利便将其作为沿非洲海岸探险的起点。亨利与其他人一样，希望借此扩大视野，但作为皇室主要成员，他同样明白葡萄牙急需且渴望借助扩大贸易提高世界地位。

葡萄牙对外扩张的主要动力源自开展香料

▲ 18世纪葡萄牙瓷砖艺术描绘了1415年占领摩洛哥的休达时的场景

和糖等利润丰厚的贸易，此前其他欧洲大国已通过中东贸易路线获利。葡萄牙急需另辟蹊径，涉足这场贸易。幸运的是，1434年亨利的一名水手吉尔·埃阿尼什首次成功驶过非洲西海岸神秘的博哈多尔角。而亨利也大力推动航海事业的发展，不仅因此赢得了"航海家亨利"的美誉，而且对包括制造更快更轻的"轻快帆船"等航海技术新发展产生了重要影响。于是，一个地理大发现的时代骤然到来。

随后，来自葡萄牙本土的探险队相继涌入非洲，沿着海岸一面不断建立定居点，一面向南推进。同时，他们也向西航行，在1462年发现非洲海岸附近的佛得角群岛并定居下来。这里后来成为跨大西洋奴隶贩卖的主要据点。

大约同一时期，葡萄牙早期征服的马德拉群岛已经开始在利润丰厚的糖贸易中占据重要份额，而其另一处领地——位于大西洋中部的亚速尔群岛也通过种植小麦创造了利润。至1488年巴托洛梅乌·迪亚士发现并绕过好望角，揭开欧亚贸易大幕之际，葡萄牙已在非洲海岸建立起军事据点和商栈网络，从事着从黄金到奴隶的各种贸易。

但葡萄牙更加渴望在印度群岛建立基地。在克里斯托弗·哥伦布1492年为西班牙国王完成探索之旅凯旋而归之际，葡萄牙国王担心西班牙将捷足先登。于是，葡、西两国于1494年签订了《托尔德西里亚斯条约》，将欧洲以外的世界以一条位于佛得角群岛以西370里格附近的假想分界线一分为二。随后数年间，葡萄牙加快南下的步伐，试图战胜竞争对手，更早到达印度。

1497年7月8日，瓦斯科·达·伽马驾驶圣加布里埃尔号船从葡萄牙启程，同年年末驶过好望角。1498年5月20日，达·伽马在印度南部喀拉拉邦的卡利卡特登陆，成为首位航行到达印度的欧洲人。这一成就不仅给他个人带来巨大荣耀，也使葡萄牙帝国长久以来渴望开通葡印贸易路线的夙愿成为现实，从而步入最为辉煌的时代。随后数年间，葡萄牙各地遍修港口，胡椒和肉桂等商品贸易蓬勃发展。

与此同时，佩德罗·阿尔瓦雷斯·卡布拉尔率葡萄牙舰队于1500年抵达南美洲东海岸。他在登陆后发现这块土地上长满了"巴西"木，于是以此命名了这片新领地。葡萄牙这个仅百年前才开始寻求扩张的小王国，此时已控制了庞大的贸易航线网络，享受着巨大的财富，构筑起庞大的帝国。1502年，葡萄牙进一步创设许可证制度，保护拥有许可证的船只免受对手和海盗的袭击。

此时，葡萄牙对扩张的兴趣业已超越对贸易和货币本身。虽然葡萄牙早期进军外国水域的行为大多出于其他不太重要的动机，但伴随本国在世界舞台不断展示实力，对外扩张被赋予越发重要的意义。同时，推动基督教的传播，抵抗包括伊斯兰教在内的其他信仰也日渐成为重要任务。此外，葡萄牙也希望获得更多的殖民地并直接进行管理。这一切在葡萄牙维护在印度的势力时得到统一。

1506年，阿方索·德·阿尔伯克基帮助葡萄牙征服了红海入口，并开始封锁印度洋，以维护葡萄牙在印度的垄断地位。这虽然引发了奥斯曼帝国与葡萄牙的冲突，并升级为战争，但阿尔伯克基取得了多场著名战争的胜利。1509年，阿尔伯克基出任葡萄牙驻印度总督，在随后的两年内为帝国占领了果阿和马六甲，并成立了探险队前往印度尼西亚，至1512年又占领了帝汶岛。不久之后，葡萄牙人首次闯入中国，但征途很快陷入混乱，多人被杀，只能撤退。然而，葡萄牙帝国成为首个与中国和日本建立商贸关系的欧洲大国，其影响力也在随后数年间得到进一步扩大。

法国人来到巴西的举动使葡萄牙人感到威胁，于是葡萄牙掀起新一轮定居巴西的浪潮，巩固其在巴西的地位。15世纪30年代之际，城镇在巴西如雨后春笋般建成。在16世纪初的一段时间里，葡萄牙帝国几乎所向披靡。它不仅征服了波斯湾和整个印度，而且经过与主要竞争对手西班牙的一系列战斗后占领了摩鹿加群岛。至16世纪中叶，葡萄牙控制了欧亚之间以及包括印度和非洲大部分地区在内的贸易路线。

▲ 葡萄牙人忙于占领印度的部分地区和沿海贸易通道，忽视了巴西的存在。但至16世纪中叶那里已成为探险和定居的中心

帝国使国王越发富有，但伴随16世纪的消逝也使其变得脆弱。1580年葡萄牙王位空虚，西班牙国王腓力二世趁虚而入，继承大统。他虽拥有继承王位的权利，但并无足够的力量打败对手。于是，在1581年正式成为葡萄牙国王后，他便整合葡、西两国组建联盟。其间，葡萄牙可以在许多方面保留自治权，且能够利用西班牙的贸易路线获得利益，但这也使其成为西班牙敌人的攻击目标。同年，过去归腓力二世所有的部分荷兰领土经过多年的抗争终于赢得独立，于是荷兰商人们也开始涉足两个世纪以来为葡萄牙帝国带来巨大财富的航海贸易。

至1640年葡、西联盟解体时，葡萄牙的地位已经遭到削弱。面对荷兰强力开通连接亚洲特别是印度的贸易路线，葡萄牙选择于1602年对其发动战争。与此同时，英国也在侵占葡萄牙的利益。不过，巴西在17世纪末发现了黄金，这为帝国带来了新的财富，葡萄牙皇室声称拥有所有发现的黄金的20%。但巴西的繁荣局面促使其转向独立，而里斯本则接连发生灾难，如1755年

自行终结的皇权

巴西的君主制受欢迎且稳定，但仅存不足百年

▲ 佩德罗二世的肖像照，摄于1887年

巴西皇帝佩德罗二世在被突然推翻之前，就已决定结束皇权。不过，他最终于1889年11月15日被军事政变推翻，在他治下经历了新的辉煌岁月的帝国迎来了不光彩的结局。

巴西的成功并不容易。巴西帝国出人意料地在一场宫廷权力博弈中从葡萄牙的统治下获得独立，并迅速崛起。1808年当葡萄牙本土遭拿破仑占领时，国王约翰六世率王室迁都至殖民地巴西的里约热内卢，试图继续控制整个帝国。当战事结束，国王得以返回里斯本时，他将儿子留在巴西担任摄政王，而后者旋即宣布巴西独立，登基成为巴西皇帝佩德罗一世。但政局的变动使其不得不退位，由五岁的儿子继承王位，是为佩德罗二世。不过，当佩德罗二世成年后，这位末代皇帝却使皇权再度强大。

是时，巴西经济增长，艺术繁荣，皇帝还带领国家在一系列国际争端中取胜。此外，他还在1888年废除了奴隶制。于是，巴西在世人眼中充满魅力，一波又一波不满于现实的欧洲人纷至沓来，寻觅更好的生活。

不过，佩德罗虽不乏远见，但在一个方面十分传统，即决定其唯一继承人女儿伊莎贝尔将不能继承王位。当军队起义将其驱逐出境时，几乎未遭到抵抗。于是，巴西这个曾经的葡萄牙帝国的心腹之地在数周内变成了共和国。

▲ 葡萄牙皇权面临来自欧洲邻国的挑战。至18世纪荷兰商船常驶入葡属水域和港口

的地震和海啸，夺走了数十万人的生命，这也削弱了帝国的中央集权。至19世纪初，伴随拿破仑的崛起，葡萄牙皇权进一步受到损害。至19世纪中叶，巴西宣布独立后，帝国只能集中力量维护其在非洲的势力范围。

为了重振在世界舞台上的卓越地位，葡萄牙试图在非洲建立更大的殖民地。于是，这便有了开篇所述其在19世纪80年代提出的"粉色地图计划"——试图将拥有的土地连接起来，从而在非洲大陆中部建立属于帝国的狭长地带。然而，葡萄牙政府已无力应对反对势力，只得向英国让步。

如果说1890年英国的最后通牒有效地结束了葡萄牙的殖民扩张势头，那么20世纪爆发的独立运动则撕掉了皇权仅存的"颜面"。虽然安东尼奥·德·奥利维拉·萨拉查政权不愿放弃殖民地，将其更名为海外省份，但最终仍无力阻止其走向独立。果阿这颗皇冠上的宝石于20世纪60年代被印度夺走，而贝宁亦获得独立。摇摇欲坠的萨拉查政权已无力挽回局面，葡萄牙在非洲余下的领地也纷纷实现了非殖民化。

"对外扩张的主要动力源自开展利润丰厚的贸易。"

阿兹特克帝国

揭开一个中美洲非凡帝国的面纱，追忆其落入西班牙征服者之手前后的经历。

墨西加操纳瓦特尔语的居民
在威齐洛波契特里神的带领下，墨西加部落离开了故乡阿兹特兰，来到新的地方定居。人们认为如果阿兹特兰真的存在，那么应该在今天的加利福尼亚附近。

墨西加部落在查普尔特佩克定居
查普尔特佩克位于特斯科科湖西岸，由与阿兹特克人相似的托尔特克人占领。墨西加人试图在这里安顿下来，但托尔特克人迫使其继续前行。

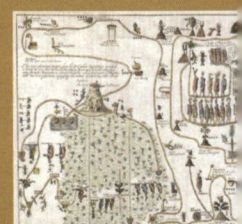

约 1110 年 —— 约 1248 年

帝国鼎盛时期
圣殿的最终重建工作已经完成，"伟大的发言人"奥伊佐特正在统治着鼎盛时期的阿兹特克帝国，从周边获得大量贡品。

科约尔苏阿奎石雕
这幅圆形画像刻画的是威齐洛波契特里神的妹妹，被斩首肢解的女神科约尔苏阿奎，位于阿兹特克大庙的台阶底部，给人以庄严的感觉。

新火仪式
阿兹特克历 52 年为一个周期，每到一个周期结束后，人们会在当年 11 月举行新火仪式，希望太阳继续照耀，推迟世界末日的到来。

被洪水袭击的特诺奇蒂特兰
这座水上城市建在类似桩子的地基之上，拥有运河和堤道，但仍然严重遭到水灾破坏。阿兹特克人相信洪水是愤怒的神特拉洛克派来的。

1497 年 —— 1473 年 —— 1455 年 —— 1452 年

蒙特祖马二世登场
蒙特祖马二世是阿兹特克帝国的第九任国王

他对这个有

600 万人口的帝国，

进行了长达 **18** 年的统治

> 阿兹特克统治者戴着庄严的头饰。据说蒙特祖马的头饰上有 400 多根华美的羽毛。蒙特祖马死后，西班牙征服者科尔特斯五世将其作为战利品。

彗星
阿兹特克人崇拜上天，观察天象。他们会将夜空出现一颗明亮的彗星等无法解释的现象，解读为末日来临的前兆。

埃尔南·科尔特斯的到来
西班牙征服者科尔特斯登陆墨西哥后，听说了阿兹特克文明及其宝藏，于是便带队来到特诺奇蒂特兰，蒙特祖马当作贵宾招待。

1502 年 —— 1517 年 —— 1519 年

特诺奇蒂特兰的开端

在特斯科科湖的一个沼泽岛上，阿兹特克祭司看到一只叼着蛇的老鹰停歇在仙人掌上。他们将之作为在此定居的神启。

特诺奇蒂特兰的扩张

建造3条堤道是为将特诺奇蒂特兰与大陆连接起来。

为了给城市提供淡水，他们还修建了2个渡槽。

这个不断发展的城市分为4个大区，20个分区。

阿兹特克人的第一位发言人

阿卡马皮奇蒂利是特诺奇蒂特兰的第一位"特拉托阿尼"或称"伟大的发言人"，即阿兹特克的第一位统治者，他为巩固首都建立起重要的政治联系。

"阿卡马皮奇蒂利"的意思是"箭头之手"，这就是为什么一只握着箭头的手经常出现在相关图片上。

年　　　　1350年　　　　1375年—1395年

阿兹特克三国同盟成立

一个由特诺奇蒂特兰、特拉科潘和特斯科科三国组成的联盟联合对抗阿茨卡波察尔科城邦的特帕尼克斯人，最终赢得了胜利。

这个联盟成为阿兹特克帝国的基础，其中特诺奇蒂特兰占主导地位，拿走了40%的战利品。

联盟为了抓获千人用以献祭，向敌对国家挑起了荣冠战争。

特帕尼克斯战争

处于被支配地位的墨西加人，遭到阿茨卡波察尔科城邦的特帕尼克斯人高额索贡，于是发起反抗战争。战争持续三年之久。

阿茨卡波察尔科向阿兹特克人高额索贡是对其支持错了王位继承人的惩罚。

第一座神庙的建立

在祭司看到老鹰和蛇的地方，人们竖起一座简陋的平台（刻有象形文字）。这里供奉着阿兹特克神威齐洛波契特里，日后成为阿兹特克大庙。

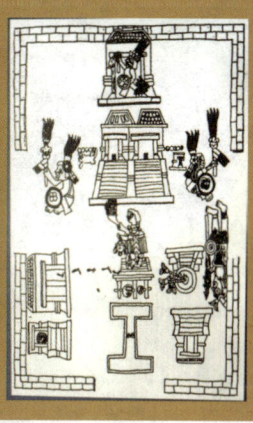

8年　　　　1417年—1427年　　　　1390年

悲痛之夜

蒙特祖马被西班牙人俘虏并杀害。虽然他的兄弟将西班牙征服者赶出特诺奇蒂特兰，但西班牙人带来的天花摧毁了这座城市。

特诺奇蒂特兰之围

科尔特斯与阿兹特克帝国的敌人包围特诺奇蒂特兰，切断了食物和水的供应。围城战仅持续了数个月。

特诺奇蒂特兰落入西班牙之手

当特诺奇蒂特兰投降时，城内有20万居民。

这个庞大的城市占地12平方公里。

一条16公里长的堤坝封闭了一部分湖面，因此这座城市位于人造泻湖之上。

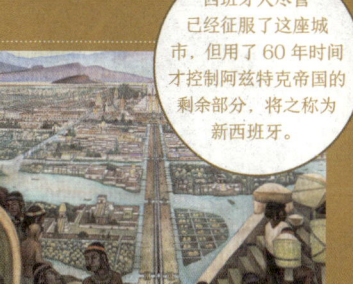

西班牙人尽管已经征服了这座城市，但用了60年时间才控制阿兹特克帝国的剩余部分，将之称为新西班牙。

年　　　　1521年　　　　1521年8月13日

▼ 马丘比丘海拔2430米,是最著名的印加遗址

印加帝国

在外国侵略者到来之前,印加帝国依靠税收、运输和武力征服,统治南美洲西部长达一个世纪之久。

查理·金杰/文

一万五千万年前,当第一批猎人穿越白令海峡时,他们不仅冒险进入了一个未知的领地,更向建立一个统治南美大部分地区的帝国迈出了第一步。

与任何事物的进化规律一样,印加帝国也是逐步壮大起来的。虽然早在约公元前4500年,狩猎采集部落就开始在秘鲁南部的库斯科山谷定居,但直到公元1000年,库斯科城才发展成为区域中心。从南美荒野变为中心城市,虽然这一过程有些漫长,但从1438年开始库斯科城进一步蓬勃发展,此时印加文明统治的土地跨度已达3400英里,人口达千万之多。令人印象深刻的是,这一庞大帝国的建立并非仅靠流血战争。

帝国的野心往往只能通过战争来实现,但是印加人(人数只有大约4万人)更愿意通过和平的方式来扩大势力范围。这些方式通常包括向承诺信奉太阳神因蒂(印加人相信创世神维拉科查创造并毁灭了人类,是太阳神因蒂后来解救了人类)的敌国统治者给予奖赏,并允许其维持现状。于是,许多邻国欣然接受并主动加入帝国。然而,扩张的过程并不总是和平的。

1438年,昌卡人为了独占资源,对羽翼未丰的印加王国率先发起战争。起初,这似乎是一场必胜无疑的战斗,因为当时的印加统治者维拉科查无力抵御昌卡对其首都的攻击,只能选择逃离。多亏年轻的王子帕查库蒂挺身而出,进行反击。传说众神将石头变成士兵,帮助帕查库蒂粉碎了昌卡的攻击。印加人屠杀昌卡的军队,征服了昌卡人,使昌卡为侵略行为付出了高昂的代价。

在巨大胜利鼓舞下,新加冕成为萨帕·印卡的国王帕查库蒂发起了一场扩张运动,命令臣

▲ 被称为马克胡特的形似锯子的印加武器,据说十分锋利,足以砍下人和马的头

民重建库斯科的大部分地区,并于1450年在马丘比丘等地开辟新的定居点。作为一位精明的统治者,帕查库蒂还授予所有讲印加语言的克丘亚语者以尊贵的身份,并允许其参与管理庞大的帝国。总之,这位被誉为"大地震颤者"的统治者十分懂得如何维系人们对他的忠诚。

1471年对印加人来说是伟大的胜利之年,但也是失落之年,因为帕查库蒂的生命和统治在这一年结束。纵观历史,这种翻天覆地的变动往往会引发内战,但幸运的是帕查库蒂之子图帕克·印加·尤潘基成为帝国的第二任统治者。图帕克有着更大的野心,他把目光投向了奇穆文明。

作为印加最大的竞争对手,奇穆严重阻碍了图帕克进一步扩张的计划,因而遭到了无情的

▲ 印加士兵军装的标准图案。可以想见穿着军装的印加队列一定是一幅色彩缤纷、令人生畏的景象

袭击。帕查库蒂先是俘虏了奇穆首领敏查卡曼，进而巧妙地将奇穆最伟大的艺术家们转移至库斯科，命令他们制造商品以促进印加帝国的发展。随后，图帕克一举消灭了南美洲仅存的强国，控制起1000公里的海岸线。

取得如此规模的成功需要庞大的军队。印加有10万军队，士兵来自不同国家，印加人只占少数。他们每万人一组，由被称为胡努·卡拉卡的首领统帅。而国王卫队则由几千名穿着华丽的格子外衣的印加人士兵组成。

国王卫队的士兵年龄在25至50岁之间，装备有包括狼牙棒、投石器、弓箭、标枪和备受青睐的棕榈木棒在内的一系列武器。其中棕榈木棒的外形类似于一把扁平的剑，"刀刃"的两侧都有圆形的纹路。这些强大的军事装备帮助印加人征服了一些城市，消灭了一切敌对民族，如居住在厄瓜多尔高原上的3万卡扬贝人。不过，仅靠军队无法确保帝国的安全，印加人还建立了先进的堡垒以保卫边境周边极其狭窄的贸易路线。

印加人巩固了在该地区的强势地位，进而进行征税。印加统治下的社会集团是以松散的亲属关系为基础的"阿伊鲁"，每个阿伊鲁都要承担两种形式的赋税。一种由叫作托科里科克的检查员征收，他们也被称为"看到一切的人"，会将阿伊鲁田地的收成分成三份，一份上缴政府，另两份平分给祭司和百姓。

另一种是被称为"米塔"的徭役制度，面向全体成年男性——年龄在16至60岁之间的男子每年都要抽出一段时间，为政府从事修建道路、堡垒或开采金矿等重劳动。得益于这些有效的制度，印加帝国积累了财富，开辟了道路（不过奇怪的是，迄今尚未出土过车轮），并以惊人的速度对外扩张。在图帕克·印加·尤潘基统治期间，帝国的财富因之翻了一番。然而，印加统治的黄金时代虽然灿烂辉煌，却很短暂。

帝国万岁

当西班牙人加紧控制库斯科时，一名男子发誓要战斗到底

弗朗西斯科·皮萨罗残忍杀害阿塔瓦尔帕后，任命图帕克·瓦尔帕为印加帝国的傀儡皇帝，但图帕克很快被瓦斯卡尔的弟弟曼科取代。对于西班牙来说这个决定很不明智，因为曼科并非甘愿受辱之人。

逃脱皮萨罗的控制后，曼科于1536年迅速集结了一支20万人的军队，并包围了库斯科，试图夺回首都，重振帝国。库斯科城内的西班牙驻军被困十个月之久，但后来曼科鉴于久攻不下，便率领全部军队撤往秘鲁南部的奥兰塔坦博要塞，随后在那里击退了西班牙人的一系列进攻。

尽管夺回库斯科是曼科最大的目标，但并非他的唯一目标。皮萨罗发现自己建立的利马同样遭到印加人的围攻，且四次救援都未能解围。

随后，西班牙殖民者再度因分赃不均而爆发内讧，无暇镇压印加人的叛乱。曼科得以撤退到南美洲令人生畏的丛林中，建立起独立的新印加国，直至1572年再度被西班牙人击溃。

▲ 1524年，冷酷无情的皮萨罗野心勃勃地带着80人踏上了南美洲的土地，渴望征服面前的一切

▼ 帕查库蒂的雕像矗立在秘鲁南部库斯科的阿马斯广场

1493年，瓦伊纳·卡帕克继承图帕克的王位，成为新任萨帕·印卡。他在位时间很长，带领帝国进行了大规模建设。但至1510年西班牙入侵南美洲，印加人不得不放弃马丘比丘。由于无法抵抗弗朗西斯科·皮萨罗带来的疾病和战争，印加人伤亡惨重，然而更糟的还在后面。

瓦伊纳·卡帕克于1526年猝死，但生前对继承人选支吾其词，致使帝国在最需一致对外之际出现了继承之争。他的儿子瓦斯卡尔与其同父异母的兄弟阿塔瓦尔帕之间爆发了灾难性的内战，导致帝国四分五裂。最后，他们将帝国一分为二，各自统治一半。

由于担心阿塔瓦尔帕控制帝国军队，瓦斯卡尔便向阿塔瓦尔帕的首都基多发起进攻，试图占领这座城市。这虽未成功，但瓦斯卡尔仍然俘虏了阿塔瓦尔帕。正当瓦斯卡尔胜利在望时，阿塔瓦尔帕成功逃脱并重新集结军队。

阿塔瓦尔帕足智多谋，他把军队分成两支，一支由将军查库钦玛和奎斯奎斯率领，与瓦斯卡尔对战；另一支则由著名的鲁米纳霍伊率领守卫基多。随后发生的一系列血腥冲突夺去了瓦斯卡尔大军超过10万人的生命（包括瓦斯卡尔和阿托克将军，后者遭受痛苦折磨后，头骨被做成黄金酒杯供阿塔瓦尔帕使用），瓦斯卡尔于1532年在库斯科城墙附近的奎帕潘战役中战败，随后被监禁。

毫无疑问，"兄弟之战"的胜利令阿塔瓦尔帕松了一口气，但他的喜悦是短暂的，因为一个比他兄弟更严重的威胁正在逼近，那就是西班牙人。

1521年，西班牙人摧毁阿兹特克帝国后，继续向南进发，沿途不停掠夺财富。当地人对他们使用的武器和乘坐的船只见所未见，更勿论进行抵抗了。1532年11月，残暴的皮萨罗抵达位于北安第斯山脉的卡哈马卡城，此时刚刚结束"兄弟之战"的阿塔瓦尔帕正在恢复实力。

起初一切似乎都很平静，印加国王用茶点招待了西班牙使节，并同意翌日与皮萨罗会面。然而，当阿塔瓦尔帕在翌日早上如约会见了皮萨罗及其部下后，却受到了侵略者的侮辱（很可能由他翻译的一个误译引起），并且拒绝向侵略者低头。于是，卡哈马卡战役爆发。全副武装、纪律严明的西班牙人杀害了两千多名印加人，并俘虏了阿塔瓦尔帕。

西班牙人囚禁了印加帝国的统治者（于1533年判处其火刑，随后又因诱其皈依基督教而减为绞刑），并继续向前推进。尽管忠于阿塔瓦尔帕的将军们拼死抵抗，但印加帝国仍然无可避免地走向崩溃。

随后的历任萨帕·印卡都未能扭转颓势。1538年，皮萨罗与同伙迭戈·德·阿尔马格罗之间爆发了恶毒的权力斗争，并最终杀死了后者。印加人尽管多年来一直反抗侵略者的压迫，但未能趁其内讧挽回败局。1572年，印加复兴的希望之火最终熄灭，西班牙获得了南美洲的大部分土地。现在，只有印加定居点的废墟向后世述说印加人的智慧及其惨烈的灭亡。

▲ 赫尔南·科尔特斯聪明狡黠,大胆果断,意志坚定。他在美洲中部大肆杀虐,启发了后世诸多征服者。

西班牙帝国

这个帝国对新世界拥有强烈的渴望，
最终在全球范围内获得了巨大的财富和权力。
不过，其兴也勃也，其亡也忽焉……

琼·伍尔顿 / 文

西班牙帝国疆域辽阔，覆盖从亚洲至美洲的广大区域，且深刻地改变了各地的样貌，以至于帝国终结一个多世纪后，它的影响依然存在。它是有史以来最强大的世界强国之一，给统治者带来不可计量的财富，但迅速且野蛮的扩张也给被征服区域的人们带来难以想象的苦难。它在离本国几千英里外的土地上留下了语言、宗教和文化遗产，但庞大的规模也成为软肋，在一定程度上最终引发帝国的瓦解。

自16世纪起，随着暴力征服行为成为国家政治的主流，西班牙帝国登上了世界舞台。当时，由于阿拉贡国王斐迪南二世和卡斯蒂利亚女王伊莎贝拉联姻，两个国家开始由同一个君主机构统治。此时，热那亚探险家克里斯托弗·哥伦布来到宫廷，说服了斐迪南二世和伊莎贝拉支持自己的亚洲航行计划。国王和王后刚在复辟运动中获得成功，将最后的穆斯林驱逐出西班牙，于是决定向这个可以彻底改变世界的计划投入大量资金。投资很快得到了回报。1492年10月12日，哥伦布发现了新大陆，并将其命名为"圣萨尔瓦多"。西班牙帝国随之初具雏形。

哥伦布于1493年初回到欧洲，坚信自己的登陆点就是亚洲的部分地区。在返回西班牙的途中，他被迫在葡萄牙停留，其间向葡萄牙国王约翰二世讲述了自己的发现。约翰二世一直计划征服印度周边区域，听后害怕被西班牙捷足先登，旋即与斐迪南二世和伊莎贝拉进行谈判。两国于1494年签订了《托尔德西里亚斯条约》，将欧洲以外的新世界一分为二：界东归葡萄牙，界西归西班牙。分界线虽然很难明确划分，但大体靠近现代南美洲的中间区域，这将在未来几个世纪塑造出西班牙帝国的版图。

"在西班牙帝国的鼎盛时期，太阳总是照耀着它的领地。"

哥伦布的凯旋激起了随后数十年的探险热潮，不过直至意大利探险家阿美利哥·维斯普西加入向西推进的队伍后，人们才发现这些不断壮大的船队和征服者实际上面对的是一个不同于亚洲的"新世界"。维斯普西成功证明了西班牙水手的目标区域并不属于哥伦布梦想到达的印度群岛，而是一个完全不同的新大陆，并将之以自己的名字命名为"阿美利加洲"。不久之后，西班牙人瓦斯科·努涅斯·德·巴尔博亚横穿新大陆的中部区域，成为第一个看到太平洋的欧洲人。他还声称太平洋属于西班牙国王斐迪南二世，并占领了大部分加勒比海岛屿，为西班牙随后的野蛮征服奠定了基础。

西班牙人即将与美洲新大陆上的古代帝国相遇。不断探索的欲望和对财富的渴望吸引了更多西班牙人加入探险。当西班牙征服者意识到面前的土地蕴藏着丰富的黄金和贵金属时，他们变得更加大胆和决绝。

1519年，埃尔南·科尔特斯率领探险队前往墨西哥的阿兹特克帝国。当他抵达墨西哥时，当地土著将一位名叫马林切的女奴作为礼物送给了他。马林切后来成为科尔特斯的翻译和情人。

▲ 西班牙处决印加国王阿塔瓦尔帕之前，给他捏造了叛国的罪名，等他交出大量金银作为赎金后才公之于世

在她的帮助下，科尔特斯开始蚕食阿兹特克人的领土。不到一年时间，阿兹特克皇帝蒙特祖玛二世就成为西班牙人控制下的傀儡。蒙特祖玛二世于1520年去世后，科尔特斯在阿兹特克人的宿敌特拉斯卡拉人的帮助下继续迅速征服这片富饶的土地。

10年后，弗朗西斯科·皮萨罗如法炮制，突袭了秘鲁和印加人的土地，并试图将其统治者阿塔瓦尔帕变成傀儡。1532年，皮萨罗在卡哈马卡城实施了可怕的大屠杀，并将印加国王劫为人质。印加国王承诺支付巨额赎金，即用黄金填满囚禁自己的房间。皮萨罗同意了阿塔瓦尔帕的请求，但当后者兑现承诺后，皮萨罗不仅没有释放他，反而无耻地将他杀害。在此之前，印加已为西班牙贡献了30多吨贵金属。至1533年，皮萨罗完成了对秘鲁全境的征服，这里也成为西班牙征服南美大部分区域的基地。

西班牙对外扩张的速度令其他欧洲国家感到意外，但那些参与其中的人却不以为奇。当年，哥伦布首次与圣萨尔瓦多的原住民会面后，就在笔记中记述"只要50个人，我们就能把他们全部征服，供我们随心所欲地使用"。虽然西班牙在人数上远远落后于对手，但他们在马力和武器上具有优势，这比其对手见过的所有事物都更强大和复杂。同时，西班牙人还带来了西方的细菌、病毒，致使天花等疾病在美洲肆虐。当地人遭到灭顶之灾，人口在数周内骤减，这进一步削弱了其对征服的抵抗。

在西班牙帝国的鼎盛时期，太阳总是照耀着它的领地。帝国在南美洲的太平洋沿岸广建基地，这使像斐迪南·麦哲伦那样的探险家得以长驱直入，探索更多未被发现的领地。至16世纪中叶，菲律宾也成为西班牙的领土。这些新获得的岛屿使西班牙帝国的领土不断扩大，最终覆盖加勒比海、南美洲和中美洲的所有地区，北美的大

帝国的缔造者

查理五世一出生就成为欧洲大部分地区的统治者，并建立了一个足以令全世界羡慕的帝国

▲ 查理五世统治着一个超过150万平方英里的帝国

在一个偏僻而安静的修道院，一个疲惫的男人在一间挂满时钟的房间里安度晚年。他很少见人，大部分时间都在写信。这种压抑的生活掩盖着一段不同寻常的过去。因为他就是查理五世，第一个日不落帝国的皇帝。

1500年查理五世出生于根特，25岁就继承了欧洲大部分领土。他出身于哈布斯堡家族，父亲是神圣罗马帝国皇储腓力一世，这使他后来继承了荷兰和勃艮第公国；祖父是神圣罗马帝国皇帝马克西米安一世，也将神圣罗马帝国留给了他；母亲是卡斯蒂利亚女王乔安娜，这使他拥有了对卡斯蒂利亚和阿拉贡的王国，以及蓬勃发展的西班牙帝国的主权。

如此庞大的权力需要同等的资源支撑，帝国的财产为查理五世提供了急需的资金。当然，这是有代价的。1518年，查理五世首次批准将奴隶从非洲直接运往美洲，彻底改变了奴隶贸易的性质。而对资金的持续需求也使查理五世本人对统治西班牙感到不悦。

于是，在50岁时，筋疲力尽的查理五世开始放弃权力，将庞大的神圣罗马帝国留给侄子，并将西班牙帝国留给儿子，也就是后来的腓力二世。他晚年在埃斯特雷马杜拉的尤斯特修道院度过，只用书信与政府保持联系。他于1558年去世，结束了与其他现代欧洲国家君主不同的生活，但这种生活在某种程度上建立在其他国家极度痛苦的基础上。

▲ 查理五世统治着一个超过388万平方千米的帝国

片区域，以及包括非洲的赤道几内亚和帕劳等在内的太平洋岛屿。

帝国的新领土被切分成诸多总督辖区。其中新西班牙总督辖区最令人瞩目。伴随16世纪西班牙帝国的快速扩张，新西班牙总督辖区的范围已达到北起佛罗里达和加利福尼亚，西至加勒比海，南到委内瑞拉。新秘鲁总督辖区则控制了其他所有的南美殖民地。在帝国的庇护下，这些殖民地统治者拥有了巨大的权力和无数的财富。

新帝国带来的财富也惠及西班牙。随着经济的蓬勃发展，西班牙统治者建造起欧洲最为壮丽的宫殿。

西班牙统治者也支持本国艺术和文学的发展。这一时期的西班牙获得了诸多艺术成就，涌现出作家米格尔·德·塞万提斯和洛佩·德·维加、艺术家迭戈·委拉斯开兹和埃尔·格列柯，以及作曲家托马斯·路易斯·德·维多利亚等一大批名垂后世的大家，开创了西班牙的黄金时代。同时，西班牙的海军和陆军也发展成一支不可忽视的力量。

在哈布斯堡王朝的控制下，西班牙的军事和文化成就达到顶峰。1516年，查理五世成为西班牙国王，随后继承了荷兰的王位，三年后又成为神圣罗马帝国的皇帝，于是现代欧洲的大部分

▲ 一幅画像描绘了1492年哥伦布在圣玛丽亚号上的场景

地区都在他的统治之下。同时,他还利用西班牙帝国的财富成功镇压了叛乱。不过,后来其子腓力二世未能继承神圣罗马帝国的王位,王位传给了家族的旁支。但腓力二世仍掌握着哈布斯堡王朝的军事与经济实力来源——西班牙和尼德兰,并在1581年继承危机中夺取了葡萄牙王位。

然而,此后西班牙的势力由盛转衰。腓力二世在统治尼德兰时遇到困难,而随后爆发的战争也令其付出高昂的代价,导致政府破产。至18世纪初,西班牙又爆发了王位继承战争,法国和奥地利都试图控制西班牙首都马德里,致使国家更加不稳。当时,法国和英国也开启了扩张之路,横跨太平洋和大西洋的贸易路线成为欧洲各国的财富来源,西班牙的全球统治地位因之严重受到威胁。

同时,也有包括耶稣会会士在内的很多人反对帝国以权力和财富干预宗教秩序。西班牙起初认为精神征服与领土征服几乎同等重要。不过,传教士很快担任殖民地的地方长官,引起政府的不满。至1767年,西班牙将耶稣会会士驱逐出所有的总督辖区。殖民地因此失去了一个层级的政府,与西班牙帝国的联系开始松动。

至19世纪初,南美洲和中美洲独立运动兴起。在西蒙·玻利瓦尔坚定而有号召力的领导下,大片拉美大陆脱离西班牙的统治。特别是在拿破仑入侵西班牙后,马德里再也无力阻挠民众的自由呼声,西班牙随之陷入一段充斥着退位和王朝战争的不稳定时期,帝国逐渐走向衰落。1874年,国王阿方索十二世重建了西班牙帝国,但此时帝国已丢失大部分领土。1898年,西班牙失去了古巴和波多黎各这两个最后的美洲殖民地。菲律宾也于翌年被美国占领。

西班牙在非洲的殖民地只占非洲领土的一小部分,但至20世纪却成为西班牙帝国仅存的殖民地。不过,这些地区也在独立运动后脱离了西班牙。1975年,随着西班牙结束对撒哈拉的控制,帝国统治落下了帷幕。

西班牙帝国其兴也勃也,其亡也忽焉,但仍留下巨大财富。它的语言和宗教成为南美洲不可分割的一部分,那里的建筑和艺术风格仍然彰显出帝国的深刻影响。可以说,这个建立在虚张声势和坚定决心之上的帝国,至今仍为后世留下诸多可见的财富。

▲ 西班牙国王腓力二世成为葡萄牙国王,至少名义上扩大了在世界各地的势力范围

莫卧儿帝国

1526 年—1857 年

沙贾汗之所以能为安葬心爱的妻子建造泰姬玛哈陵,是因为他统治着一个覆盖印度次大陆大部分地区的帝国——莫卧儿帝国。这个帝国是一个原始工业强国,创造了1/4世界工业产出,从而能在17世纪建造起如此令人惊叹的标志性建筑。

不列颠帝国

关键词中的
日不落帝国兴衰史

杰克·格里菲斯 / 文

都铎王朝末期由伊丽莎白一世统治。不列颠帝国正是在这时期开始在世界舞台崭露头角。由于拥有一位公开鼓励探险和贸易的女王,英国人的航程超越了本国疆域。特别是在大胜西班牙的无敌舰队后,大不列颠统治了海洋,蓄势兴建自己的帝国。

皇家海军的力量使英国的领土显著扩张,至18世纪,它已在世界各地建立起数量庞大的殖民地,这使它在世界贸易中独占鳌头。这种垄断地位不仅促进了经济的发展,也使英军成为世界上最强大的军队之一。尽管帝国疆域随时代有所增减,但英国仍然成功地在几个世纪中维持着霸权地位。

不列颠帝国将文化传播到世界各地。英国的语言、宗教、经济、社会、政治等方面深刻地影响了其他文化。不过,至第二次世界大战结束时,不列颠帝国虽仍在大部分殖民地占据主导地位,但已不受欢迎,并逐渐衰落。虽然帝国已经崩溃,但其成功和失败的记忆将持续数个世纪。

▲ 1878年,一支澳大利亚板球队在尼亚加拉瀑布留影。至19世纪末,板球已成为一项国际运动

> 1939年,英格兰对阵南非的板球比赛进行了10天之久,两队最后打成平局。

澳大利亚

从罪犯的殖民地到移民的避风港

对于英国而言,失去美国带来很多问题,其中尤以如何处理那些新大陆不再接收的流放罪犯为要。日后应把罪犯流放到哪儿去呢?答案是澳大利亚。随着1788年"第一舰队"的11艘船抵达澳大利亚,罪犯殖民地正式建立。至19世纪初,澳大利亚开始吸引移民,特别是19世纪50年代发现黄金后,"澳大利亚淘金热"兴起,移民人数不断增加。土著人口数量则由于移民带来的疾病和土地兼并等原因而减少。

英国原本将澳大利亚视为不错的经济工具,不过,尽管澳大利亚的黄金和羊毛贸易蓬勃发展,但新移民和宗主国之间围绕税收和土地问题经常发生冲突。英国作为宗主国,承诺出动皇家海军保护澳大利亚不受德国和法国的侵略。但对新移民而言,这还远远不够。至19世纪80年代,新移民的"澳大利亚人"意识开始觉醒,不列颠帝国的控制变得松动。澳大利亚人口以每年3%的速度增长,其财富的增长速度也是英国的两倍。尽管澳大利亚在1890年时经济滑坡,但它仍于1901年宣布独立。不过,在第一次世界大战中,澳大利亚人依旧积极帮助英国,勇敢的澳洲军团士兵在加里波利和西线战场上浴血奋战。

罗伯特·贝登堡

"没有冒险的生活将是非常乏味的。"

罗伯特·贝登堡的一生

出生
● 1857 年
罗伯特·斯蒂芬森·史密斯·贝登堡于 2 月 22 日生于伦敦。

童年
● 1860 年
被称为"BP"或"Stephe"的他有 9 个兄弟姐妹。不幸的是，父亲在他三岁时去世。

卡尔特豪斯公学
● 1870 年
罗伯特·贝登堡在这所英国最负盛名的学校接受了教育。

军旅生涯
● 1876 年
在未能考上大学后，罗伯特·贝登堡加入英国陆军，26 岁时升为上尉。

成功抵抗围攻
● 1899 年—1900 年
第二次布尔战争期间，罗伯特·贝登堡的部队在马弗京城内被围 217 天，但保住城池不失。

童子军
● 1907 年—1908 年
罗伯特·贝登堡退出军队，组织了童子军运动，并出版了畅销书《童子军》。

婚姻
● 1912 年
罗伯特·贝登堡与奥莉芙·圣克莱结婚，二人育有三个孩子，并一起建立了女童军。

去世
● 1941 年
就在童子军巡回宣传多年后，罗伯特·贝登堡于 1 月 8 日在肯尼亚去世。

▲ 罗伯特·贝登堡1896年在军事生涯中的照片

作为一个喜欢户外活动而非待在室内的人，罗伯特·贝登堡对冒险十分着迷。在1899年—1900年的梅富根城战役期间，他作为英军上校在非洲度过了最辉煌的时刻。这场包围战发生在第二次布尔战争期间，是一场不列颠帝国与奥兰治自由邦之间的恶性冲突，包括他在内的20名英军被派往保卫边境。他们被7000名布尔人围困了217天，但最终保住城池不失。战后，升任少将的罗伯特·贝登堡成为英雄，并在几年之后将注意力从战场转向训练童子军，于1908年出版了首部专著《童子军》。童子军组织从那时起迅速发展起来。

板球

帝国的游戏有着邪恶的起源

如今在许多英联邦国家盛行的板球运动，当年也曾由英国迅速普及到帝国的各个殖民地。1787年马里波恩板球俱乐部的成立和1788年法典的通过，开启了板球运动的职业化时代。这一运动最先分别于1806年、1808年在巴巴多斯和南非推广，随后在帝国各地都受到欢迎，澳大利亚、新西兰、印度和加勒比地区都能听到柳树和皮革制成的球板击球的声音。板球不仅仅是一项体育运动，还被英国人用作政治工具，提醒土著民与白人移民之间存在等级关系。它强化了种族偏见，是社会控制的象征，被视为向那些被不列颠帝国视为不文明的人们粗鲁地传播价值观的方式。帝国总是将自己建立在一种优越感的光环之上，这种控制到奴隶制废除后仍在继续。

甚至在许多殖民地获得独立后，板球仍然是一种流行的消遣方式。现在板球已成为一项全民运动，而不再是压迫的象征。澳大利亚和英国之间最著名的比赛举行于1882年。澳大利亚这个前殖民地取得了令人震惊的胜利，《体育时报》因此评论称"英国板球就此灭亡"。随着英国和澳大利亚之间举办"灰烬杯"板球对抗赛，这项运动变得比以前更受欢迎。

去殖民化

不列颠帝国的日落

尽管英国在第二次世界大战中取得胜利，但这场冲突对这个日渐衰落的帝国产生了负面影响。当时英国可能仍然是世界上最大的帝国，但随着苏联和美国这两个新的世界强国崛起，英国的颓势渐显，财政陷入瘫痪，只能被迫放弃殖民地。帝国的崩溃始于1947年的印巴分治运动，距离1942年英国镇压"退出印度运动"仅过去5年。对于英国而言，这是一个巨大的损失，帝国的军事力量也在迅速萎缩。更糟糕的是1956年爆发的"苏伊士运河危机"，最终使英国失去了对经济上至关重要的苏伊士运河的控制，这一事件进一步破坏了英国的财政、军事和国际地位。

战后，当英国开始重建支离破碎的城镇时，它已经无力维持一个饱受民族主义浪潮冲刷的帝国。英国军事力量衰落的另一个例子是1963年肯尼亚、乌干达和坦噶尼喀相继宣布独立，以及1965年南罗得西亚的白人移民起义。帝国的分裂不仅归咎于资金的缺乏和英国的软弱，也有英国报答众多殖民地在二战中给予盟军巨大帮助的因素。1973年英国加入欧洲经济共同体，有效地终结了帝国的野心。如今，帝国的概念只能在传统和文化中看到，而非在军事版图上。

▲ 东印度公司的船只在伦敦码头卸货，船上装满了珍贵的茶叶

▼ 迈索尔王国的统治者，东印度公司一直以来的敌人提普苏丹被英国推翻

东印度公司

这家公司从小商人演变成了彻头彻尾的统治者

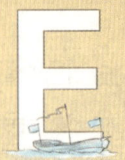

作为帝国的核心机构之一，东印度公司在其鼎盛时期是一个商业巨头。该组织起源于1601年英国船只第一次起航前往"东印度群岛"。由于那里有丰富的香料和资源，越来越多的船只来航，贸易关系不断增长。英国并不是第一个踏上这一征程的欧洲强国，但它向这家企业注入了资金，并于1690年在印度的西海岸和东海岸建立了贸易中心。随着英国影响力的增强和印度莫卧儿帝国的衰落，英国垄断了全部贸易。东印度公司可以征收高额税款，并以武力捍卫自己的利益。这对当地的印度社区造成了灾难性的影响，印度人意识到自己的经济和社会实际上遭到了控制。

18世纪上半叶，印度大量出口棉花，为英国消费者提供了物美价廉的服装，东印度公司的利润也随之达到顶峰。于是，它开始干涉印度政治，胃口也越来越大。这引起英国政府的警觉，

▲ 第二次世界大战后，英国欠下的战争债务比其他任何国家都多，不列颠帝国蒙受了巨大损失

并于1783年决定将公司收归政府控制。东印度公司就是英国贸易过程中不受欢迎的典型案例，它对印度的恶劣影响助长了印度国内的民族主义情绪。至1858年，东印度公司被完全废除，而英国则在印度建立了殖民地。

马岛战争

寸土不让

20世纪80年代，帝国已不复存在，但英国仍决心保护帝国的遗产。马尔维纳斯群岛（英国称福克兰群岛）是南大西洋的一个偏远殖民地，也是英国仅存的几块领土之一。1982年4月2日，阿根廷在莱奥波尔多·加尔铁里的领导下，决定对马岛采取军事行动。玛格丽特·撒切尔政府不顾其他国家的建议，决心强硬反击。战争持续了两个月，造成649名阿根廷士兵和255名英国士兵以及3名岛民丧生。阿根廷于7月13日战败。

> 阿根廷人在马岛上埋设了2.5万枚地雷。许多地雷至今仍然有效，对岛上的居民和企鹅构成了威胁。

▲ 一些英国人认为这场饥荒是上帝的旨意

大博弈

19世纪的冷战将英国和俄罗斯推到战争的边缘

1813年《古利斯坦条约》的签订震惊了英国。出于对沙俄当时在亚洲攫取利益的担忧，英国王室采取行动，通过向北扩张保护印度。两个大国最终将战场选定为阿富汗，后者充当了两国的缓冲区。英国希望利用阿富汗实现帝国野心，随之引发了3场战争。其中最著名的是第二次英阿战争，英国的胜利使阿富汗成为帝国一个新的保护国。

大博弈也在波斯上演。波斯最初是英国的盟友，1825年转而支持沙俄。1837年，沙俄成功说服波斯进攻英国在阿富汗的领土赫拉特，最终遭到英国击退。不过，至1853年克里米亚战争之前，波斯一直是沙俄的势力范围。直至1907年《英俄公约》签署后，这场经历近百年充满紧张和冲突的拉锯战才正式结束，波斯被两个超级大国瓜分。而阿富汗一直是英国的保护国，直到第一次世界大战后才宣布独立。

"大博弈"这个词由英国情报官亚瑟·康诺利创造，经由拉迪亚德·吉卜林的使用而流行起来。

▲ 在大博弈的最后几年，英国甚至通过"荣赫鹏考察"（1903年—1904年）将疆域延伸到中国西藏

爱尔兰大饥荒

英国政府的不作为导致超过 100 万人死于这场灾难

这场土豆饥荒对爱尔兰岛的影响是毁灭性的。约有100万人（占英国人口的12.5%）死亡，另有100万人为了避免饿死而外出逃荒。土豆曾是爱尔兰人的主食，但随着枯萎病在作物中蔓延，土豆变成了黑色的黏糊糊的一团垃圾，不能食用。1845年—1847年，爱尔兰连续三年因作物减产50%而陷入困境。

英国的辉格党和保守党决定在爱尔兰问题上置若罔闻。本来阻止爱尔兰向其他地方出口粮食是一项有效的解决办法，但由于政府并未将饥荒问题当回事，也并未采取相关措施。尽管英国向爱尔兰供应了玉米，但存在分配不均，缺少机器磨成面粉，亦或价格太高一般爱尔兰家庭负担不起等问题。更要命的是，6个月后英国政府又取消了每天为300万人提供食物的施粥计划。喂饱爱尔兰人的想法根本不在辉格党或保守党的议程上，也不被视为帝国的责任。

一些公益组织试图施以援手，但总的来说，英国政府的自由贸易政策阻止了任何形式的系统援助。对许多爱尔兰人来说，移民是唯一的选择。伴随美国和新大陆的召唤，爱尔兰人涌向港口。

▼ 布尔战争是盎格鲁-祖鲁战争后爆发的一场持续两年的血腥冲突，英军最终取胜

沙文主义

侵略性的外交政策和顽固的帝国主义

沙文主义（一种民族主义与爱国主义信仰，认为自己的国家是最好的）在帝国内部盛行，尤其是在19世纪晚期达到顶峰。英国为了维持和扩大影响力，在媒体上展示和夸大辉煌的战果，并通过宣传几乎将帝国的一切都进行美化。

其他超级大国的崛起进一步助长了英国的沙文主义，导致其诞生出了傲慢的意识形态，"光辉孤立"的外交政策及海军军备竞赛等。同时，保守党和自由党开始意识到，坚定自信的外交政策是吸引公众的最佳方式。沙文主义浪潮一直持续到第一次世界大战，人们对冲突的看法由此彻底改变。

基钦纳
著名的征兵海报上不朽的英国军事领袖

霍雷肖·基钦纳生于爱尔兰,早年在瑞士求学。他那张蓄着小胡子的面容如今成了英国乃至不列颠帝国的标志性形象。他的军事生涯很长,从1871年一直持续到1916年去世。他最初为皇家工程兵军官,至1886年担任苏丹东部的总督。此后,他继续向上攀升,而率军在马哈德战争特别是在恩图曼战役取胜,使他成为国家英雄。然而,基钦纳并不总受欢迎,他在布尔战争中使用集中营的做法受到了严厉的批评。

尽管如此,基钦纳参加了第一次世界大战,1902年成为子爵,并在1914年晋升为陆军大臣。与同时代的许多人不同,基钦纳预见到这是一场长期冲突,遂采取了行动,组织起新式军队。不过,他的事业也由此走了下坡路。基钦纳是出名的难以相处,而他对加里波利之战的准备不足,成为他事业的滑铁卢。而1915年媒体指责他对前线炮弹供应不足导致"炮弹危机",也引发了股市波动。

基钦纳最终在第一次世界大战中战死。1916年6月5日,他在乘坐英国皇家海军汉普郡号巡洋舰前往俄国劝说其抵抗德国途中,遭到德国鱼雷攻击,舰沉溺亡。基钦纳在煽动战争上的做法令人质疑,但也因在战争之初组织了大量兵力,以及那张著名的海报,而为后世铭记。

利文斯通
他将一生贡献给对许多未知国家的探险中

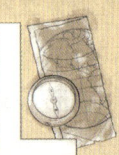

大卫·利文斯通出生在格拉斯哥的工人家庭,由父亲教会读书写字。在安德森大学学习期间,他很快筹集到足够的资金迁往伦敦。1841年,利文斯通实现了探险梦,他被派往非洲担任传教士和医生。利文斯通是一个基督徒,到达非洲的卡拉哈里沙漠地区后便开始帮助许多当地人皈依基督教。除了宣教,他还了解了真实的奴隶贸易的恐怖性,并开启了博茨瓦纳和恩加米湖的发现之旅。

> 大卫·利文斯通是第一位将蚊子与致命疾病疟疾联系起来的人

利文斯通去过非洲数次,有时步行,有时则乘坐独木舟或骑牛。他冒着得病或被野生动物袭击的危险,结识了许多当地部落首领,提醒他们注意奴隶贸易以及疟疾和坏血病带来的危险。虽然政府的资助已在19世纪50年代末用尽,但这位苏格兰人至1866年再次积攒了足够另一次旅行的资金。此次目的地是尼罗河的源头,这也将是他最后一次探险。

由于此次旅行几乎没有船员幸存,加之利文斯通患上肺炎,他在旅行中失踪,直到1871年10月才在坦桑尼亚被人找到。虽然他此时已精疲力尽,但始终热爱自己的工作,直到1873年5月去世。他为不列颠帝国绘制了未知的非洲大陆地图,成就了一项不朽的功勋。

茅茅党

一场血腥起义动摇了已经衰败的帝国的根基。

第二次世界大战后,一股民族主义浪潮席卷非洲。随着去殖民化的流行,欧洲列强的统治岌岌可危。不列颠帝国是这场民族主义运动中首当其冲的国家之一,尤其是在肯尼亚,爆发了旨在彻底铲除英国在肯尼亚一切统治的茅茅党起义。第一次反英秘密会议于1951年8月在首都内罗毕举行,每个成员都宣读了《茅茅誓言》。1952年10月,茅茅党频繁的纵火攻击和暗杀终于引起了英国政府的注意,英国立即派遣军队镇压,但起义已经升级。

由于敌对活动继续存在,肯尼亚宣布进入紧急状态。就在茅茅党被正式认定为恐怖组织的短短四周内,共计有40名白人定居者及其非茅茅党的黑人追随者遭到杀害。作为报复,英国士兵逮捕了数千名叛乱分子,并封锁了部落地区,以限

▲ 一名警察看守着一群茅茅部落的成员,他们被怀疑密谋反对英国统治

直到今天,这场叛乱仍饱受争议。2013年,英国政府正式为其野蛮战略道歉

制茅茅运动。1954年,随着越来越多的领导人遭到逮捕和审讯,叛乱势头减弱。英国曾提出以特赦为条件换取和平,但遭到断然拒绝,屠杀仍在继续。1955年,有7万名"茅茅党"嫌疑人被关押,这减缓了起义进程。起义最终于1959年结束。这场血腥起义表明欧洲对非洲的影响正在减弱,并成为1963年肯尼亚独立的催化剂。

纳尔逊

希望任何人都尽职尽责的海军天才

霍雷肖·纳尔逊是英国皇家海军有史以来最伟大的军事家之一。他在诺福克郡长大,12岁就成为一名见习海军军官,开始了海军生涯。这个年轻人才华横溢,在军队里晋升迅速,于1779年升为上尉。

在特拉法尔加海战之前,纳尔逊曾在美洲和加勒比地区服役。1797年的圣文森特战役是他早期的胜利之战,其间皇家海军给予了西班牙毁灭性打击。纳尔逊因之在国内备受尊敬,随后再次发挥才华,使英国在1798年尼罗河战役中战胜了法国。

真正让他名垂青史的则是特拉法尔加海战。他在此战役中大败法军,给予其决定性打击。法国海军从此一蹶不振,英国海上霸主的地位得以巩固。

鸦片战争
对远东地区产生持久影响的两场冲突

鸦片是不列颠帝国的大买卖。作为一种曾在中国销量巨大的商品,其贸易所得为英国采购茶和丝绸提供了资金。然而,这一行业的不利之处是鸦片带来的恶劣影响。当清政府意识到吸毒成瘾造成的社会问题时,决定收缴鸦片,开始禁烟,而这损害了英国的利益,英国竟决定发动对华战争。

第一次鸦片战争是在中国人销毁了两万箱鸦片后开始的。为了自己的经济利益,英国政府于1841年5月派遣远征军占领广州,并于同年8月攻克南京,战争以英国的胜利告终。随后爆发的第二次鸦片战争,因法国介入而规模扩大。这次侵略战争始于1856年底,至1858年英国利用坚船利炮迫使清政府举行外交谈判。大量条约的签订再次使鸦片贸易合法化。不过,1859年6月战争再次打响。1860年8月,英法联军卷土重来并占领北京,彻底结束了这场战争。

流放殖民地
帝国有许多犯人需要收监

也许对不列颠帝国来说,美国最有效的用处之一就是充当监狱。据估计,不列颠帝国有5万名囚犯被流放到新大陆,占18世纪英国移民总数的25%。1718年,根据政府新颁布的《运输法案》,第一批罪犯被送往美国,其中刑事犯被押运到现在的弗吉尼亚州和马里兰州。美国独立战争后,英国失去了北美的13个殖民地,于是需要建立更多关押罪犯的流放地。最初,许多罪犯被关押在泰晤士河的监狱船上,担任清理河道的任务,但这不是长久之计。1786年,英国找到了最佳方案——在澳大利亚、加勒比海、印度和新加坡建立流放殖民地。

不列颠帝国绝不是唯一一个使用殖民地流放罪犯的帝国,但它在监管人数规模上名列前茅。起初,英国人认为罪犯可以在与其他民众完全隔离的种植园或济贫院里提供廉价劳动。但至1779年,英国颁布《感化法》进行监狱改革,终结腐败的状态。而建立流放殖民地则是一项雄心勃勃的计划,同时也缓解了帝国压力,在当时被视为是一个解决英国大量罪犯问题的可持续办法。

维多利亚女王

这位长期在位的女王以严肃闻名

维多利亚女王治下的英国处于一个繁荣和相对和平的时代,这与史称"不列颠和平"的一个较长的历史时期重合,英国也正是在此时期成长为世界最大帝国。1840年,维多利亚嫁给表兄萨克森-科堡-哥达亲王阿尔伯特(一位德国王子),他们将共同施行受人拥戴的君主立宪政体。维多利亚时代因工业发展和经济进步,以及艺术和科学的发展而为后世铭记,比如1851年举办的伦敦世界博览会。由于英国是君主立宪制国家,女王只是偶尔参与政治。

1854年爆发的克里米亚战争,见证了1856年首枚维多利亚十字勋章的颁发,而这枚勋章标志着英国军事成就达到顶峰。随后,英国本土工业革命如火如荼地发展起来。百年间,英国人口从1600万增长到4100万。

> 1840年—1882年间,维多利亚女王曾遭到7次暗杀。

英国对印度的统治

继东印度公司之后,英国对印度的统治开启了新的时代

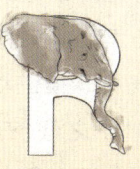

1858年,印度民族大起义后,摇摇欲坠的东印度公司被解除了政治参与权,英属印度殖民地被直接掌握在英国王室手中。英国对印度的统治并未覆盖整个印度,只占领了次大陆的约40%。对英国而言,印度仍是经济和军事资产,所以英国继续安排总督统治印度。英国有20%的出口产品销往印度,并将印度人视为英军征兵的对象。总共两万名士兵和官员统治着印度的3亿人口。不过,当地居民日渐憎恨英国统治,因为在英国治下他们往往穷困潦倒,而帝国总是将利润和野心放在首位。1885年,印度国民大会党成立,印度人民由此发出了理智而集中的声音。该党还在20世纪初帮助圣雄甘地崛起,并使印度走上了独立之路。最终,印度于1947年实现独立。

▼ 1860年,总督坎宁勋爵会见了马哈拉贾·兰比尔·辛格,双方举行会谈,目的是扩大英国在印度上层的势力

奴隶制

帝国历史上的耻辱污点

随着不断扩张,帝国各地普遍存在劳动力短缺的问题。为此,英国(以及其他许多欧洲大国)决定采取一个可怕的解决方案:奴隶贸易。约翰·霍金斯于1562年进行了首次横跨大西洋的奴隶贸易。在欧洲、美洲和非洲之间的三角地带,数百万非洲人被迫离开家园,前往新大陆的种植园工作。这些免费的劳动力大大促进了欧洲列强的经济发展。1807年《废除奴隶贸易法案》的通过,终于结束了这种恶劣的做法,但至1838年奴隶制仍在一些殖民地存在。直到20世纪,随着人们思想的转变,英国推出一项名为"西非舰队"的海上巡逻计划,以阻止那些为了利益而罔顾法律的奴隶贩子。

茶叶

成为帝国主要商品的饮品

英国向亚洲扩张的最好收益之一是茶叶贸易。由于价格昂贵,这款饮品主要是为富人准备的。随着第一份订单于1664年开出,茶叶很快成为大宗生意,于是东印度公司迅速增加了茶叶生产,特别是在印度阿萨姆邦。在那里,东印度公司可以廉价雇佣工人采茶。而茶叶已经成为一种有利可图的产业和文化现象,甚至可以与咖啡相媲美,成为英国人最喜爱的饮品。从中国、印度到英国的每一次贸易都要花费数月时间,且茶叶的税率非常高,于是英国人常常走私避税。东印度公司倒闭后,茶叶贸易向所有人开放,港脚商人开始租用快船分享利益。自首次茶叶贸易开始以来,茶叶无疑成为英国和帝国的重要饮品。

▲ 最著名的反税行为是波士顿倾茶事件,它是美国独立战争的导火线

▶ 在茶叶袋尚未发明前这些珍贵的茶叶被装在叫做"茶叶罐"的木箱里运回英国

▲ 乌干达是英属东非的一部分，许多当地人受雇修建铁路

乌干达铁路

穿越乌干达和肯尼亚的"疯狂铁路"。

1896年5月30日，长达1062公里的乌干达铁路铺下了第一块枕木。两年后，第一列火车驶出蒙巴萨车站。这条铁路是乔治·怀特豪斯的创意，他是英国、南非和印度铁路建设的老手。许多首批投入使用的发动机都是从印度进口的二手机器，有31983名印度劳工来到非洲，与数千名东非人一起修建铁路。他们的生活条件十分艰苦，有时甚至因火车晚点或脱轨而断水数日，而另一个危险来自所谓的"察沃食人狮"——工人建造横跨察沃河的大桥时遭到狮子袭击，约有20人葬身狮口。这条铁路也因之留下"疯狂铁路"的别称。

虽然历经艰难险阻，但铁路终于在1901年竣工。"疯狂铁路"帮助英国阻止了德国在该地区的扩展，有效地控制了尼罗河，同时提供了进入东非海岸的途径。然而，这条铁路并不受当地人欢迎，被其称为"铁蛇"。1895年的克东大屠杀造成500名铁路工人的死亡，据称起因是铁路工人强奸了两名马赛女孩，于是怒不可遏的马赛人袭击了铁路工人的宿营车。如今，部分铁道已经开放并并入轨道。

> 整条铁路实际上位于肯尼亚，并为内罗毕市的建立发挥了作用

维米岭

第一次世界大战中加拿大军队与不列颠帝国并肩作战的决定性时刻

维米岭战役发生在第一次世界大战期间,彰显了加拿大军人的英勇和功绩。加军奉命攻占防御森严的山脊维米岭,从那里可以俯瞰英国的防线,对同盟国具有重要的战略意义,所以协约国决定一定要拿下这一要地。由于法军此前曾进攻维米岭,但以失败告终,所以加军针对此次进攻进行了精密部署。他们计划先用炮火拦截德国人,同时通过地下隧道向敌人的防线发起进攻。战斗于4月9日上午5时30分打响,伴随一千门火炮同时发射,1.5万名加军步兵冒着德军的重机枪火力冲进德军战壕。一天下来,加军伤亡近万人,但他们用刺刀战胜了德军的机枪,攻下了这座仅145米高的山脊。现在,维米岭竖立着一座纪念碑,以纪念那些牺牲在此的军人。

威斯敏斯特体系

立法和治理是如何从英国走向帝国各地的

失去美国导致帝国的政治重组。于是,英国于1839年起草了《达勒姆报告》。这部被形容为"拯救帝国之书"的报告,提出了殖民地自治的想法。英国在鼎盛时期统治着世界20%的人口,随着时间的推移,它已无法控制庞大帝国的全部政治机器。随着加拿大和澳大利亚相继于1848年和1855年建立责任政府,两党制开始在各英联邦自治领土出现。这一制度使英国从中受益,因为它减轻了英国议会的压力,不必为管辖的所有领土做出决定,但仍拥有对殖民地的最高统治权。殖民地也从中受益,从此可以独立、自由地行使政权。这便是所谓的"威斯敏斯特体系"。

大多数殖民地采用"威斯敏斯特体系"。如今,对那些曾经的殖民地国家来说,这一政治制度虽是英国统治的最后残余,但经过调整已很好地服务于本国政治。例如,印度发生了大规模的叛乱,并成功独立,但它仍然延续了这一制度。不过,它也在一些国家受到冷遇。2006年所罗门群岛爆发的骚乱源于同年4月的选举,许多人将矛头指向"威斯敏斯特体系",批评这种"得票最多的人当选"的制度无法真实反映选民的意愿。

▲ 即使去殖民化后,"威斯敏斯特体系"仍然维系着英联邦的稳定

▲ 虽然付出了巨大的生命损失,但维米岭的胜利是协约国当时唯一最成功的进攻

▲ 人们认为阿尔伯特王子最先带来了圣诞树，但实际上圣诞树是在乔治王时期最先进入英国的

圣诞树

常青树进入英国家庭

现在，装饰圣诞树可能是圣诞节的主要传统，但在维多利亚时代之前并不常见。1800年，乔治三世的德国妻子夏洛特王后将第一棵圣诞树带到英国，但直到19世纪40年代得益于维多利亚女王的德国丈夫阿尔伯特亲王的推动，圣诞树才得到普及。

1880年，伍尔沃斯开始销售圣诞树饰品，公司也开始参与到圣诞活动中来。最初，德国的常青树是圣诞树的首选，但随着19世纪80年代圣诞树需求增长，常青树开始被挪威的云杉取代。到19世纪末，不列颠帝国的圣诞节已经从一个鲜为人知的日期变成了全国性的节日。

约克镇

这场重要的围攻终结了美国独立战争中的主要敌对势力

英军指挥官康沃利斯勋爵率军开往弗吉尼亚的约克镇,希望与驻纽约的英军主力保持联系。乔治·华盛顿旋即下令法国将军拉斐特和一支美法联军阻止康沃利斯逃离约克镇。于是,联军不仅派遣地面部队向英军推进,还进一步封锁了海面。

随着英军在切萨皮克战役失去海上优势,康沃利斯及其士兵已孤立无援。20天后,约克镇失守,8000名绝望的英军士兵被俘。这次失败虽损失不大,但使得英国政府开始考虑休战。

▲ 英国人本想向法国人投降,但被迫向美国人承认失败

▲ 约翰·特朗布尔描绘了康沃利斯的投降。他是美国政府专门请来创作爱国主义绘画的艺术家

▼ 盎格鲁-祖鲁战争主要由英国侵略而起，并以英军在罗克渡口战役中的英勇防御而闻名

祖鲁人

布尔战争之前，英国发现了另一个阻碍其统治南部非洲的巨大威胁

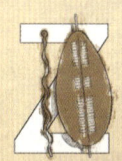

19世纪早期，祖鲁人是南部非洲的主要统治者。然而，随着海外移民的到来，祖鲁人及布尔人与在祖鲁土地上发现黄金和钻石的英国殖民者之间发生了暴力冲突。虽然伦敦的英国政府对战争不感兴趣，但南非事务高级专员巴特尔·弗勒则另有盘算——他向祖鲁人发出了最后通牒。对于英国人强加的苛刻条件，祖鲁人无法执行，战争不可避免地爆发了。

盎格鲁-祖鲁战争始于1879年1月。首次主要冲突发生在伊散德尔瓦纳，806名英军阵亡，祖鲁人取得巨大胜利。然而，在同日爆发的罗克渡口战役中，只有145人的英国守军竟然出人意料地成功击退进攻的祖鲁军团。

随着战争推进，由于祖鲁在战术和火力上都不及英军，形势朝不利于祖鲁人的方向发展。一个生动的例子发生在1879年3月的坎布拉。当时有2000名祖鲁人阵亡，但英军总共只损失了18人。这次失败击溃了祖鲁族，他们实际上将土地交给了英国人。

英国征服了南非，该地区后来成为帝国的重要组成部分，直到1880年再次爆发针对布尔人的战争。

> 英国掩盖了充满灾难的伊散德尔瓦纳战役和令人尴尬的损失，许多维多利亚时代的人从未知晓真相。

俄罗斯帝国

虽然俄罗斯帝国只存在了不到两个世纪，但它已成为世界舞台的主导力量，疆域面积甚至达到地球陆地面积的1/6。

格雷格·金 / 文

俄罗斯帝国只存在了不到两个世纪，或许算得上短命。然而，从1721年建立到1917年灭亡，这个帝国通过侵略、战争和条约，将国土面积扩大了一倍有余，并从一个落后、孤立的国家发展成为一个在地区和国际影响力上可与不列颠帝国匹敌的强国。

大多数帝国不仅由君主，还由将军和外交家缔造，同时还受教会的影响、议会的命令乃至舆论的渗透，但俄罗斯帝国与之不同。罗曼诺夫王朝声称权力是神所赋予的，因而作为独裁者是独立的，权力不受立法机关的干涉和宪法的约束。帝国的伟大在于罗曼诺夫王朝的伟大，帝国失败的责任也相应地完全落在执政的君主身上。

彼得大帝继位之前，俄国幅员辽阔但与世隔绝，即使当文艺复兴和宗教改革席卷欧洲之际，这个国家仍笼罩在一种中世纪的阴郁气氛中。1613年，一群贵族推举16岁的男孩米哈伊尔·罗曼诺夫担任沙皇。多年后，他的孙子彼得大帝将这个国家变成了一个帝国。1682年彼得登基后，为了使俄国在世界舞台上赢得一席之地，他花了40年时间进行战争。这个国家之前没有海军，甚至没有商船队。彼得建立了这两者，还通过军事行动赢得领土和进入国际水域的权利。

为了夺取波罗的海，俄国与瑞典进行了长达20年的战争。早期的北方大战争对俄国来说是一场耻辱：胜利属于瑞典人，因为他们比俄国人更加训练有素，装备精良。但1709年瑞典在乌克兰波尔塔瓦惨败。又过了12年，俄国取得了彻底的胜利。胜利的成果是辉煌的：俄国夺取了芬兰的大部分土地，以及今天的爱沙尼亚、拉脱维亚和立陶宛，从而由此自由进入波罗的海。

为了庆祝这一胜利，1721年10月彼得宣布俄国正式成为帝国，将其头衔沙皇改为皇帝。彼得大帝在新首都圣彼得堡建造了许多由德国和意大利建筑师设计的楼宇和宫殿，把欧洲的优雅外表强加在一个仍然野蛮的宫廷之上，将这个不情愿的国家从中世纪带到了18世纪。彼得大帝的改革是多方面的。他使俄国东正教屈从于王权，建立了政府官僚机构，甚至命令贵族们穿上法国服装，剃掉胡须，以模仿老练的欧洲同行。

然而，新帝国仍旧是一片落后的景象。1500万人口中，96%的人是在极度贫困中生活和劳动的文盲农民。他们没有受教育的资格，

▲ 俄罗斯帝国历史上在位时间最长的女皇叶卡捷琳娜大帝

"女皇在政治上很精明，自认为是开明的统治者。"

更无其他权利。更糟糕的是俄国农奴的命运，数百万身无分文的农奴在贵族庄园里劳作，像牲口一样遭到买卖。尽管农民权利和奴隶制问题开始影响欧洲人的思想，但俄国人拒绝任何改变。

彼得死后的数十年里，帝国继续扩张。1743年，俄国入侵瑞典西南部，而其俄美公司不仅占领了阿拉斯加，还将影响力扩展到西海岸，直至今天的加利福尼亚。然而，这种增长是有代价的，几乎一半的年度国家预算都花在了军费上。不过，由于经济贸易收入微薄，俄国只得向欧洲借高利贷，这使帝国陷入永久负债的状态，沉重的税收落在那些最无力负担的人身上。尽管罗曼诺夫王朝及其朝臣在遥远的圣彼得堡过着越发奢侈的生活，但农民却越来越贫穷。

直到1762年，情况才有了戏剧性的转变。一位前德国公主通过政变登上了俄国王位，成为叶卡捷琳娜大帝。叶卡捷琳娜带领帝国进行了有史以来最大规模的扩张。1772年，俄军控制了前波兰王国的大部分地区；1783年，俄国与奥斯曼帝国的战争中取得胜利后，吞并了克里米亚半岛；10年后，又吞并了白俄罗斯和乌克兰的大部分疆域。叶卡捷琳娜率领军队征服了欧洲25%的土地。至1796年叶卡捷琳娜去世时，俄国已

▲ 克里米亚战争期间对塞瓦斯托波尔的围攻

农民的生活

农奴制对渴望成为世界强国的俄罗斯来说是一个挥之不去的污点

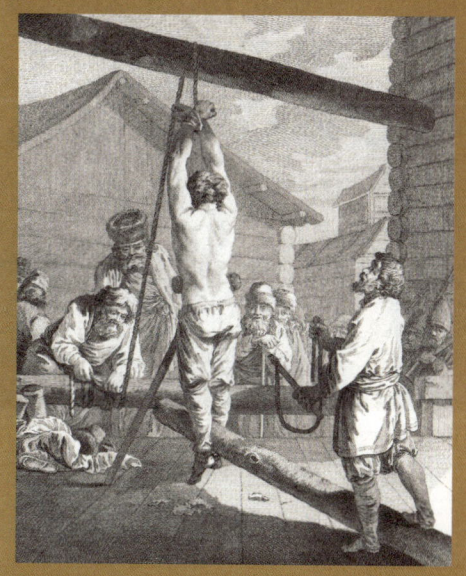

▲ 一个农奴正在被罚受鞭刑

1721年俄罗斯帝国建立时，80%的农民都是农奴，为贵族主人所有，被视为用以耕种土地的私有财产。欧洲14世纪时已经基本结束了农奴制，但在俄国农奴制仍然是其主要制度。

改革的尝试随意而矛盾。例如，亚历山大一世允许庄园主解放农奴。但毫无疑问，很少有人愿意放弃这种免费劳动力的来源。尼古拉一世坦言："农奴制是一种罪恶，这是毫无疑问的，目前的局势不能继续下去。但此时解放农奴也将打击公共秩序。我们必须为逐渐过渡到另一种秩序做好准备。"

最终尼古拉一世的儿子亚历山大二世采取了主动，他解释道："自上而下地废除农奴制，总比等农奴制自下而上地废除要好。"旧历1861年2月19日（新历3月3日），亚历山大终于发表了《解放宣言》，消灭了存在数世纪的农奴制，这比美国总统亚伯拉罕·林肯解放奴隶早了两年。

▲ 俄皇亚历山大一世

▲ 俄国末代皇帝尼古拉二世

经成长为一个令人既尊敬又畏惧的欧洲大国。

叶卡捷琳娜在政治上很精明，自认为是一位开明的统治者。她采取试探性的政策，允许各省在地方行政管理中有一定的发言权。法院提供统一的司法规则，但只适用于贵族和商人阶层。

帝国继续接纳欧洲文化。它建造起新古典主义风格的宫殿，并采用法语作为宫廷的官方语言。但启蒙运动也只能到此为止。尤其是法国大革命爆发后，叶卡捷琳娜坚持独裁统治，认为法国大革命是对所有君主的蔑视。为了赢得贵族们的忠心，她以牺牲农奴为代价，给予贵族新特权，将一些没有名字的劳工分配给她的诸多情人。

随后她的儿子保罗继位，但于1801年遭到暗杀，结束了短暂的高压统治。王位又传给了叶卡捷琳娜的孙子亚历山大一世，新自由主义政策随之出台。其中包括放松审查和促进教育，甚至有人开始讨论宪法，尽管后者让位给其他更紧迫的问题。俄罗斯帝国似乎一直处于战争状态。在打败波斯后，它兼并了格鲁吉亚和高加索的大部分地区，并继续向中亚进军。1809年，亚历山大从衰弱的瑞典手中夺取了芬兰，并宣布其为芬兰大公国（俄国的附属国）。1812年，俄国发动了另一场反对奥斯曼帝国的军事行动，控制了东摩尔达维亚。

1807年，俄国在奥斯特里茨与拿破仑的军队交战，但最终战败。此后，俄国与法国建立了秘密同盟关系，但三年后关系破裂。1812年，拿破仑犯了一个错误——命令大军入侵俄国。就像其他入侵俄国的军队一样，他们发现自己不仅败给了俄国的军队，也败给了俄国的严冬。拿破仑占领莫斯科后，市民放火焚烧城市，迫使法军撤退。1814年，俄国加入反法联军，进军巴黎，推翻了法国皇帝。这场漫长而昂贵的战争为俄国赢得了控制波兰王国的权利。

俄国战胜拿破仑换来的并非对高压统治的扬

弃,反而是反动统治。俄国的新闻界被钳制,大学禁止教授逻辑学和自然科学,因为这些思想与东正教背道而驰。这种压制助长了人们的不满情绪,尤其是许多从欧洲战场归来的年轻军官,他们对共和制度和西方思想很感兴趣。1825年,亚历山大一世意外去世,年轻的贵族军官们决定迫使其继任者尼古拉一世做出让步。他们举行了被后世称为"十二月党人起义"的起义,要求结束独裁统治并制定宪法。尼古拉一世命令其忠诚的士兵镇压叛乱,进而将5名首犯处决,数百人流放到西伯利亚。帝国开始疯狂地右倾化。

对于俄国来说这是一个奇怪的时期。在尼古拉一世的统治下,俄国的诗歌和文学经普希金、莱蒙托夫和果戈理等作家的推动而崛起,但又是一个深受帝国压迫的时代,尼古拉一世实施严格的审查制度,限制高等教育,建立臭名昭著的暗探局以监视和逮捕言行可疑人士和持不同政见者,并开始实行镇压弱势宗教和少数民族的政策。尽管帝国参与了军事行动并赢得了包括今天中亚的亚美尼亚和阿塞拜疆等更多领土,但人们的不满情绪仍在滋长。

虽然俄军在对抗弱小势力时大获全胜,且尼古拉一世认为军队华丽的制服和优雅的队列是展示权力的重要仪式,但实际上俄军在领导和装备上都很糟糕。这一点在1854年表现得尤为明显,当时帝国在克里米亚与英国、法国和奥斯曼

一群贵族谋划起义,后被称为"十二月党人起义"。

▲ 日俄战争期间遭到围攻的旅顺港

▲ 1812年9月，拿破仑望着被烧毁的莫斯科

帝国开战。欧洲曾担心这头"俄熊"会成为军事威胁，但克里米亚战争暴露出俄国的致命弱点。当战争结束时，俄军惨败，受尽屈辱，暴露出帝国的衰相。

尼古拉一世的儿子亚历山大二世负责收拾其父留下的残局。亚历山大二世结束了战争，并迅速实施了一项旨在将帝国带入现代的自由改革计划。帝国第一次拥有了省级代表机构，人民在地方事务上有了发言权；军事改革改进了军队，减轻了体罚；国家结束了秘密法庭，建立了一个独立的司法系统，引入了陪审团制度。最重要的改革发生在1861年，那年亚历山大二世解放了2300万农奴。

1867年，帝国将阿拉斯加卖给美国，但在其他地方仍然通过压迫性手段来保护甚至扩大领土和影响。1863年，波兰人民的叛乱被无情地镇压，这也是对其他少数民族的警告。在远东，亚历山大二世利用鸦片战争夺取了中国东北的大部分地区，并在海参崴建立了新的海军基地。而在中亚，它征服了突厥斯坦、布哈拉和希瓦。1877年至1878年的俄土战争以一场空洞的胜利告终，当时欧洲列强为了遏制俄国在巴尔干地区的野心，拒绝在重要的领土问题上做出让步。即便如此，在亚历山大二世的统治下，帝国势力仍旧达到了顶峰。1721年俄国的领土面积约1200万平方公里，但至1881年已达2280万平方公里，领土范围从中亚到高加索，从黑海到寒冷的北方冻原，从波罗的海到与德国和奥匈帝国接壤

"有些人转而支持农民的民粹主义运动。"

的波兰和加利西亚。此时的俄罗斯帝国已发展成幅员辽阔的大国,占全球陆地面积的1/6,有一百多个不同的民族生活其中。俄罗斯人的人口数量只占帝国总人口不到一半,其他民族包括犹太人、波罗的海人、芬兰人、波兰人、格鲁吉亚人、亚美尼亚人、鞑靼人、蒙古人和中亚人,充斥着敌对的语言、文化和关系,人们逐渐走上反抗俄国统治之路。

具有讽刺意味的是,亚历山大二世的改革只会使人们的幻想更快破灭。学生和工人要求更多的改革,但亚历山大只是照搬历史成例,采取保守政策。这实际上加剧了无产者形成危险思想,转而支持农民的民粹主义运动,期待农民能点燃一场革命的烽火。但农民显然更关心日常斗争而非推翻政府,因此民粹主义者分裂了。19世纪70年代末,在民粹主义者失败的灰烬中出现了新一代的激进分子,他们将恐怖主义作为达到目的的手段。其中有一个名为"人民的意志"的组织,决心推翻独裁统治。1881年,经过多次尝试,该组织成功暗杀了亚历山大二世。

在亚历山大三世统治的13年里,帝国维持着反动政策、严格的审查制度以及压迫弱势宗教和少数民族。但与此同时,俄国向现代工业化迈进了一大步,公路和铁路(如著名的横贯西伯利亚公路和铁路)遍布全国。随着外国投资的增长,工厂的数量增加了三倍有余。但这些新工厂由于缺乏安全法规和恶劣的环境,很快出现了新一代的失业工人。他们渴望改革,不满情绪高涨。

▲ 1881年,革命组织"人民的意志"的成员暗杀了亚历山大二世

至尼古拉二世统治时期，这些矛盾仍然存在。他坚信自己的独裁地位是上帝赋予的，而其好弄权术的妻子亚历山德拉也坚持这一观点。尼古拉二世拒绝人民的改革呼声，认为那是"毫无意义的痴梦"。后世很少有人认为尼古拉二世是一个成功的统治者，因为他在1904年殖民中国东北的笨拙试探引发了日俄战争，一年后战争以帝国的失败而告终。

战争的失败将不满情绪推动到风口浪尖。那些在尼古拉二世统治的首个10年里爆发的罢工、大屠杀和政治暗杀，如今演变成了公开的叛乱。尤其是在1905年1月，沙皇军队在一场后来被称为"血腥星期日"的悲剧中，枪杀了数百名参加抗议活动的工人。之后，黑海舰队叛变，而10月爆发的大罢工更使国家陷入瘫痪。为了保住王位，尼古拉二世不得不批准颁布宪法并成立杜马（即议会）。这是一场充满成长阵痛的宪法实验：尼古拉二世认为前两个杜马过于激进，非法将其解散，随后通过修改选举法，才得到了一个麻烦较小的立法机构。但杜马始终是尼古拉二世的眼中钉，因为它会提醒自己已签字放弃了独裁权力。

随后，帝国历经数载才从1905年的革命中恢复过来，在首相彼得·斯托雷平的领导下开始迅速现代化。政府放松了审查，工业继续发展，钢铁和煤炭产量增加了一倍多。法律禁止工厂雇佣童工，并对工作时间加以限制，但工作环境仍很糟糕。外国投资可以在俄国自由流动，至1913年世界上近1/3的资本流向俄国，俄国也享有比德意志帝国更高的信用评级。农民的收入增加，农业改革允许700万农民购买农场。俄国似乎真的已经转危为安，即将成为一个经济强国。

然而，1914年夏弗朗茨·斐迪南大公在萨拉热窝遇刺，尼古拉二世愚蠢地屈服于民族主义压力，支持塞尔维亚，随即陷入第一次世界大战

俄国的犹太人

尽管犹太人是俄国人数最多的少数民族，但数世纪以来他们一直忍受着政府支持的反犹太主义。

▲ 在敖德萨，死者家属在查看大屠杀受害者的尸体

俄罗斯帝国是全世界半数犹太人的家园。在这个坚定的东正教国家，犹太人一直遭到歧视，政府也一再发布强调反犹太主义的法律。

1791年，叶卡捷琳娜大帝将大部分犹太人限制在新的犹太人聚居地，范围从俄国西部边缘延伸至波兰和立陶宛东部，再向南延伸至乌克兰和贝萨拉比亚。罗曼诺夫王朝的继任者们也限制犹太人的权利。例如，除非犹太人改变信仰，否则不得晋升军职，并用定额严格限制其接受教育的机会。

这种对犹太人的压迫在最后两位沙皇的统治下达到顶峰。由国家默许并偶尔直接组织的犹太人大屠杀，变得更为普遍。犹太人不仅旅行受到限制，不能进行抵押贷款，而且禁止进入法律行业及大多数官僚机构工作。政府对符合犹太教规的肉类和犹太教堂征收繁重的赋税，禁止犹太人在星期日或俄国东正教节日进行交易，甚至禁止其光顾基督教商店。1905年以后，随着尼古拉二世被迫做出让步，其中一些限制有所松动，但沙皇本人仍是反犹太主义者，称犹太人为"伊兹"，甚至将臭名昭著的《锡安长老会纪要》作为"犹太人毁灭之手"的证据。

▲ 今天，圣彼得堡有近500万人口

> **"具有讽刺意味的是，亚历山大二世的改革只会让人们的幻想更快破灭。"**

的泥潭。这场战争对俄罗斯帝国来说是一场灾难，因为俄国士兵缺乏训练，在现代战争中更是装备简陋。军事上的损失引发人民的不满，尤其在尼古拉二世接手军队的最高指挥权，将国内政府留给妻子管理之后。

如果说亚历山德拉在哪些判断上比她的丈夫还要糟糕，那就要数她崇信臭名昭著的神秘主义者格雷戈里·拉斯普廷，相信是他的祈祷帮助自己患有血友病的儿子阿列克谢活了下来。反复的失败和政治的无能最终酿成大祸。1917年2月，彼得格勒（1914年圣彼得堡被改为此名）爆发了"二月革命"。面对政府和军队高层的公开叛乱，尼古拉二世于旧历3月2日即新历3月15日退位，结束了俄罗斯帝国的统治。

·169·

法兰西帝国

年轻的拿破仑·波拿巴以亚历山大大帝和查理曼大帝为榜样，
坚信自己负有引领羽翼未丰的法兰西共和国走向伟大的使命

梅勒妮·克莱格 / 文

　　显然，年轻的将军拿破仑·波拿巴从1799年夺取政权，成为第一执政的那一刻起，不仅怀着扩张领土的野心，还想效仿亚历山大、查理曼和凯撒将法兰西建成如马其顿、法兰克及罗马那样的帝国。不过，当时欧洲国家普遍反对法国大革命所宣扬的共和价值观。于是，法国开始对包括英国和奥地利在内的几个邻国发动战争。拿破仑起初只是温和地占领领地，但至18世纪末开始推行对外扩张政策，同时传播革命意识形态。

　　拿破仑坚信自己是法国人民的救世主，是伟大的法兰西统治者和神圣罗马皇帝查理曼的继承人，甚或转世者。这一想法似乎与现实完全契合：大革命带来了剧烈动荡和无休止的动乱，不仅使人民摆脱了数世纪以来的奴役，也成为即将到来的充满征服和繁荣的黄金时代的催化剂。

　　拿破仑的首次成功始于担任法兰西共和国意大利方面军总司令之时。此前，这支军队以散漫、缺乏组织和失败而闻名。但在拿破仑的指挥下，他们在对阵由意大利和奥地利军队组成的反法联盟时取得大胜，一路占领了包括皮埃蒙特和曼图亚在内的意大利领土。拿破仑取得这些惊人的成功后，对未来的胜利充满信心，甚至在一群艺术家、历史学家和考古学家的陪同下率军远征埃及和叙利亚。然而，尽管战事开局非常成功，但一系列的失败尤其是败给捍卫北非殖民利益的英国人后，拿破仑被迫率军撤回法国。

　　埃及战役并未取得全面胜利，但这极大地提升了拿破仑在法国和海外的形象，使他更接近渴望已久的绝对权力。尽管拿破仑与英国殖民野心的冲突最终以惨败收场，但这拓宽了他的视野，增加了他为法国人建立一个超越不列颠帝国的殖民帝国的信心。拿破仑厌恶且不信任英国人，认

▲ 拿破仑在埃及的战事开局非常顺利,但结果并不成功。格罗斯男爵画的这幅画描绘了1798年7月拿破仑指挥金字塔之战的场景

为他们是解放的、现代的和充满活力的法国共和党人的对立面,是法国扩大领土和殖民影响、统一欧洲大陆的障碍。对拿破仑来说,侵略和征服其他国家并非敌对行为,而是解放该国,因为这会将法国大革命的纯粹意识形态带到那里。

在接下来的几年里,拿破仑继续率军向意大利推进,先后占领了包括热那亚、那不勒斯和托斯卡纳在内的大片领土。在几个世纪前的意大利战争中,法国曾试图控制意大利,建立新的前哨基地,但以失败告终。然而,此时拿破仑则在米兰成功建立了一个新的意大利共和国。与此同时,法军还向德国和荷兰推进,并占领了大量领土。这些战果巩固了拿破仑作为法国实际统治者的地位,这一点可从1804年教皇加冕其为皇帝得到印证。

拿破仑在下一个10年继续发力扩张,并取得重大成功。1812年,法兰西帝国达到鼎盛时期,统治着欧洲大陆上包括西班牙、意大利、德国以及荷兰和波兰的大片地区在内的130个国家,人口达7000万。受到罗马帝国统治模式的启发,拿破仑实际上对其吞并的国家秉持慈父般的态度。他制定了民法典,即《拿破仑法典》,旨在使所有公民(包括妇女和儿童)的生活更加公平和平等。他还认为贵族特权阻碍了欧洲的真

"随着法国军队从俄国狼狈撤退,法国渐渐失去过去获得的领土。"

正进步和启蒙运动,所以在《拿破仑法典》中废除了贵族特权。

此外,尽管拿破仑牢固地控制所有领土,但他仍然制定了一项政策,安排家人统治新征服的土地,以取代被罢黜的世袭君主,或将亲密的家庭成员嫁入同盟国王室,以拉近与这些国家之间的关系。拿破仑尽管认为自己是靠野心和使命的驱使白手起家的,对欧洲旧的统治阶级和贵族并无好感,但仍然明白人们需要傀儡领袖。拿破仑还认为让其兄弟姐妹们跃身欧洲各国的华丽宫廷可以提升家族及其个人的声望与地位,同时成为法国拥有强大实力的明显证明。

然而,贪婪而不够忠诚的波拿巴家族成员将成为拿破仑失败的部分原因。当拿破仑还没有孩子时,一切都很顺利。但当他的第二任妻子奥地利的玛丽·路易斯提出让他渴望已久的儿子继承广阔领地时,波拿巴家族很快出现裂痕。与此同时,由于拿破仑在战争中投入了巨大的人力与物力(特别是在1812年俄法战争后,据估计有50万法国士兵在短短五个多月内丧生),起初强烈支持拿破仑军事远征的法国民众很快对其领土和帝国野心失去热情。

俄法战争的惨败是拿破仑职业生涯的一个重大转折点,这灾难性地削弱了拿破仑的力量及

法兰西殖民帝国

法国的殖民收益自16世纪以来一直稳步增长,至拿破仑三世统治时期达到顶峰,甚至翻了一倍

▲ 版画描绘的是塞内加尔人在法国来访之际,在戈雷岛的广场上舞蹈的情景

拿破仑一世致力于在欧洲大陆扩张领土,而他的侄子拿破仑三世则对发展和扩张法属殖民地兴趣极大,认为这是法国在全球扩大财富和声望的关键。至19世纪中叶为止,法国人已拥有大量领土,但在拿破仑三世的领导下,其领土面积又增加一倍有余。拿破仑三世有远大的愿景,他想将法属殖民地扩展到亚洲和非洲。

拿破仑三世尽管未能在朝鲜和日本建立殖民地,但在勇敢的新海军大臣和殖民地的协助下仍取得诸多功绩。他监督法国海军的全面改造,并处理了法属殖民地的管理问题。例如,法国于1853年接管新喀里多尼亚,1854年殖民塞内加尔,19世纪50年代末派遣英法联合远征军入侵中国,进而接管越南和柬埔寨,并增加阿尔及利亚的驻军(阿尔及利亚自1830年起一直被法国统治,直至1962年才实现独立)。

"拿破仑三世尽管表面看似平和,但并不软弱,对法国人民而言仍有极大野心。"

其在国内外的威望,导致普鲁士和奥地利与法国断绝了同盟关系,转而向英国抛出橄榄枝。随着法国军队从俄国狼狈撤退,法国渐渐失去了对德国、西班牙和荷兰的控制,过去10年间获得的领土亦逐渐丧失。至1814年拿破仑被迫退位前,法国军队已被赶回境内。一年后,拿破仑短暂地重掌大权,但又在翌年的滑铁卢战役中迎来决定性的失败,葬送了他亲手缔造的辉煌帝国。

1821年5月,拿破仑孤独且悲伤地流亡他乡,波拿巴家族宏伟的王朝野心随之烟消云散。幸存下来的兄弟姐妹们显然希望与他保持距离,而他唯一的合法男性继承人——曾被他寄予厚望的儿子,事实上成为其奥地利亲戚的囚徒。没人能预料到,就在拿破仑去世的30多年后,另一位波拿巴皇帝将登上法国王位。

拿破仑三世是拿破仑的继女博哈奈斯(拿破仑第一任妻子约瑟芬皇后和前夫所生)与拿破仑的弟弟路易斯·波拿巴所生的儿子。这桩婚姻是约瑟芬皇后安排的,显然是出于自己没能为拿破仑生下继承人而巩固地位的目的。拿破仑三世一直在流亡中等待返回法国的时机。随后,他成功返回法国并夺取政权,先是在1848年担任法国总统,随后又在1852年成为法国皇帝。

更重要的是,与叔父拿破仑不同,拿破仑三世在英国滞留了很长时间,与英国政界建立了良好的关系。他公开宣称"帝国意味着和平",并表示无意效仿好战的叔父,这让英国政府非常安心。不过,他表面看似平和,但并不软弱,对法国人民而言,他的野心极大。

与叔父一样,拿破仑三世非常渴望提高自己的国内威望和国际影响,但方式是通过巧妙的外交手段广交朋友,而非四面树敌。在这方面他颇为成功,尤其是实现了与英国修好。两国的友谊是由克里米亚战争期间共同成功对抗俄罗斯而建立的,这大大提升了拿破仑三世在国际舞台上的地位。

受到此次成功的鼓舞,拿破仑三世跟随叔父的脚步将矛头转向意大利半岛,与撒丁岛皮埃

▲ 疲惫失望的拿破仑于1812年率领法军从俄国撤退。这场战役持续了5个多月,导致50多万法军和几乎同样多的俄军阵亡

蒙特的维克托·埃曼纽尔国王达成协议,将尼斯和萨伏伊割让法国,以换取法国助其摆脱奥地利帝国的统治。战争持续了数年,最终法国取得胜利,领土也得以扩大。

不过,虽然战事完满收场,但拿破仑三世仍在法国国内失去众多支持,其中部分原因是他干涉了教皇的权力。此后,拿破仑三世仿效英国,集中精力在南美和非洲,以及亚洲且尤其在柬埔寨建立法属殖民地。尽管过程不无挫折,比如他试图在日本和韩国站稳脚跟但无果而终,但他仍在其他地区建立了大量的殖民地。在他统治期间,法兰西殖民帝国的规模扩大了一倍有余。

尽管人们常将拿破仑三世与叔父相比,称其是对叔父的拙劣模仿,但拿破仑三世仍是一位成功的统治者。他不像叔父那样夸夸其谈,也不具备那样的军事天赋,但依靠建立联盟并在更广阔的法属殖民地投资,最终在监督和扩张帝国方面取得巨大成功。

然而,拿破仑三世的光荣梦想与其叔父一样以失败告终。这要归咎于他不佳的健康状况,以及盟友对他的不信任,盟友怀疑他曾计划兼并卢森堡和比利时。更为关键的是,一个新的普鲁士帝国正在向东崛起,雄心勃勃地计划终结法国、英国、俄罗斯和奥地利之间不稳固的联盟,从而建立一个新的、强大的德意志帝国。

1866年普鲁士击败奥地利后,德法两国冲突加剧。拿破仑三世发现自己孤立无援,于是努力避免与普鲁士的正面冲突,但最终还是被迫于1870年7月正式宣战。对法国人来说,随后的战争是一场彻头彻尾的灾难。在经历了一连串的惨败、疲惫和羞辱之后,拿破仑三世于9月初向普鲁士投降并被俘。虽然他在六个月后获得释放,但已失去政权,再度流亡英国。法兰西帝国随之分崩离析,波拿巴家族的统治宣告结束。

▲ 拿破仑三世在英国生活数年,并与英国人尤其是维多利亚女王保持着良好的关系。1855年8月维多利亚女王访问巴黎时,得到拿破仑三世的热情接待

意想不到的友谊

拿破仑一世一直厌恶英国人,决心在陆地和海上击败他们,但他的侄子拿破仑三世对英国的态度则截然不同。

对于1819年5月出生的维多利亚女王而言,滑铁卢战役可能已是一段遥远的记忆,但拿破仑的幽灵仍在整个欧洲,尤其是在其最为痛恨的敌人英国游荡。因此,即使拿破仑三世在英国生活多年,并且热衷与英国建立友好联盟,维多利亚仍因他是拿破仑一世的外甥而怀有疑虑。

然而,1855年4月拿破仑三世携妻子尤金妮成功访问伦敦后,维多利亚完全被他们迷住,甚至私下里称拿破仑三世是"一个非凡的人"。同年8月,当维多利亚携丈夫阿尔伯特亲王及两个儿子回访巴黎时,拿破仑三世在凡尔赛宫为她们举行了奢华的舞会,并私下带她游览了玛丽·安托瓦内特的小特里亚农宫。从此两位统治者的关系更加紧密,这直接影响到英法两国的关系,对拿破仑三世帝国的成功影响巨大。两国的这种亲密关系一直持续到拿破仑三世下台。

▲ 尽管距离拿破仑在滑铁卢的最终失败已过去40多年,但当拿破仑三世陪同维多利亚女王私下祭扫巴黎荣军院的拿破仑墓时,或许仍能身临其境地感受到拿破仑当年的荣光

奥匈帝国

 1867 年—1918 年

　　奥匈帝国的哈布斯堡王朝统治中欧长达500年之久。然而，尴尬的二元体制使其未能挺过巴洛克时期的最后阶段。由于遭到新崛起的普鲁士排挤，奥匈帝国只得转而向巴尔干半岛寻求发展空间，导致与塞尔维亚为敌。这给世界和平带来了致命性的影响。

▲ 明治天皇将日本带入现代世界，仅用一代人时间就将之提升为帝国

日本帝国

日本帝国的冒险经历使其从一个偏僻、保守的岛国，跃身世界领先的帝国主义强国之列，宣泄了压抑多年的愤懑。

郝列斯·布斯塔尼 / 文

　　日本历史上最具震撼的两次文化变迁决定了日本帝国的兴衰。随着日本的武士阶级瓦解，权力重新回到天皇手中，日本飞速发展成为现代超级大国。然而，帝国在鼎盛时期掌控的疆域超出了可承受的范围，最终导致崩溃。不过，在彻底毁灭前，日本得到了重生。

　　12世纪时，日本的武士阶层篡夺了皇权。日本仍名义上保留天皇制，但在接下来的700年间，实权始终掌握在不断易主的武士阶层手中。1853年，日本人第一次看到了美国海军准将佩里率领的四艘巨型战舰。尽管在德川幕府的统治下，日本维系了两个半世纪的和平，但很多人已经意识到僵化的保守主义和孤立主义政策已使日本远远落后于西方。

　　急于从德川幕府手中夺取政权的一群封建领主联手推翻了幕府，将政权奉还给明治天皇。新政府旋即对日本社会的基本组织进行改革。当时，日本与外国签订的不平等条约使其面临贸易不平等，且被迫给予外国罪犯提供治外法权。为了重新修约，帝国派遣了一半政治精英前往欧美各国。虽然这一努力未能达成目标，但它使帝国清醒地意识到自身与西方的显著差距。

　　随后，政府创设国立教育和税收制度，并通过征兵制度组建军队。封建领主被迫交出领地，以换取丰厚的养老金和合法进入贵族阶层的机会。此时，日本迈出对外侵略的步伐。琉球群岛长久以来一直是一个独立王国，保留着自己的文化，并与中国大陆保持着朝贡关系。不过，后来日本吞并并殖民了琉球，胁迫其国王前往东京适应新的生活。此后，日本政府还废除了武士阶级的特殊身份地位，只给予薪俸。

　　德川幕府留下了统一的市场和发达的运输、

▲ 1868年明治维新前，日本社会由武士阶级统治

分销网络。在繁荣的丝绸、茶叶和清酒工业的基础上，明治政府开始进口原棉，出口服装。它还着手改革商业，建立中央银行，允许出售土地，收购所有主要矿山和制造设施，并大力投资新建军工厂。1874年，日本引进大批外国专家和技师，所付薪资甚至占工部省预算的1/3以上。

1889年，日本颁布宪法，并于次年以普鲁士和奥地利为样板，举行了第一次全国选举。在此之前，中国一直是占主导地位的地区超级大国。明治维新后，长期以来作为中华帝国属国的朝鲜因顾忌破坏大局，拒绝与日本天皇签署贸易条约。日本认为侵略是对抗中华帝国的最佳防御手段，希望借此扩大势力范围。如同1853年佩里准将的战舰威胁日本签订贸易协定一样，1876年日本对朝鲜使用了同样的伎俩并取得了成功。日本的地位正在改变。

1894年，日本日益扩张的帝国主义海外冒险使其与中国就朝鲜半岛的控制权问题发生冲突。这场短暂的战争深受日本政治家的推崇，因为日本无论在陆地还是海上都取得了决定性的胜利。中国人不仅离开了朝鲜，还把辽东半岛和台湾割让给日本。然而，俄国、法国和德国也对亚洲抱有野心，于是要求日本将辽东半岛归还中国。这进一步加深了日本这个日益强大的帝国对外国势力的不信任感。最终，日本与英国达成更有利的条约，一颗明星似乎正在世界舞台上冉冉升起。

至世纪之交，日本极不情愿地加入反对中国义和团运动的国际联盟。事态平息后，按照和约要求，俄国应从中国东北撤军，但其不仅迟迟未动，而且还继续扩展势力范围，令日本十分不满。1904年两国爆发战争，令全世界惊讶的是，日本竟然打败了俄国舰队。这使日本不仅在中国东北获得了更多的资产，还得到了一半库页岛和整个朝鲜半岛的领土。日本正式成为一个帝国。

1912年明治天皇的逝世对日本来说是一个决定性时刻。日本只用了一代人的时间，就从一个懒散的隐士跃身世界强国之列。其人口从1877年的3300万增长了一半，其中171543人生活在朝鲜。至第一次世界大战期间，日本的盟友英国甚至向日本寻求帮助。

然而，日本并不想简单地与德国在海上作战，而是趁乱获得更多利益。日本夺取了德国在山东的权益及一些太平洋岛屿，并试图将一系列苛刻的要求强加给中国。虽然日本帝国作为世界五大国之一签署了《凡尔赛条约》，但英国并未与之重新结盟，美国也注意到了这一点。

花了一代人的时间学习外国后，日本帝国开始自行建设铁路系统和电话网络。它没有从英国购买军舰，而是着手自主建造。至1919年，日本海军吨位达60万吨，已与美英不相上下。

东京被改造成一个现代化的大都市，拥有大量电影院、剧院、出版公司和大学。至20世纪30年代，即便是在最偏远的农村地区，也有80%的人用上了电灯。这一比例甚至高于西欧许多地区。凭借迅速发展的专业技术，此时的日本已能生产机床、精密仪器、坦克和卡车，并成为该地区纺织业的主力军。

1877年，日本只有3.4万名军人，而现在它则拥有成千上万的军队，军费开支屡创新高。在与美国关系日益紧张的情况下，年轻军官、媒体和学者都意识到一场战争即将来临——他们发誓誓死效忠天皇。

1937年，日本以边界冲突为名全面入侵中国，并迅速占领上海。至同年底，日本已占领国民党政府所在地南京。其间，他们还对当地平民实施了难以想象的暴行——强奸并屠杀多达30万人。由于战时经济资源严重不足，日本于1940年入侵法属印度支那。作为回应，美国禁止向日本出口石油。

此时，日本的石油储备只够用两年，对美开战已经不可避免。1941年，日本在毫无预警的情况下轰炸了珍珠港，试图彻底击垮美国海军。这是一次大规模袭击，美国海军损失了6艘航母舰队和408架飞机。同时，日本还袭击了泰国、菲律宾和马来西亚。"坚不可摧"的新加坡也在数月后沦陷，日军占领了英国远东舰队的基地。它还接着占领了英属婆罗洲、石油资源丰富的荷属婆罗洲和印度尼西亚的许多岛屿，获得了宝贵的资源和战略地位。在菲律宾，日本人在一小时内摧毁了一半的美国空军。

然而，日本继在珊瑚海海战中失去第一艘航母后，又在中途岛战役中惨败——损失了4艘航母、2200名船员和234架飞机，以及经验丰富的飞行员。随着瓜达尔卡纳尔岛战役的失利，日本被迫采取守势。轴心国虽然拥有令人难以置信的开局，但此时形势发生逆转。伴随意大利投降，

▲ 在20世纪30年代的军国主义社会，武士道成为一个强大的象征

▲ 1942年，日本士兵强迫7.6万名战俘行军106公里。成千上万人在途中死亡或被杀

西南战争

这场战争见证了武士阶层的终结

来自南部雄藩萨摩的武士西乡隆盛,在明治维新中发挥了至关重要的作用。作为新政府的主要保守派,西乡隆盛主张"征韩论",甚至提出不惜通过侮辱朝鲜人,激怒其杀死自己,换取日本向朝鲜宣战的理由。由于厌恶政治腐败,西乡隆盛于1873年退出政府,返回萨摩藩开办私立军校。

由于担心萨摩藩拒绝施行帝国改革,政府派出密探,其中一人被捕后在严刑逼供下承认曾计划暗杀西乡隆盛。当萨摩武士抓到一名企图在夜幕的掩护下拆除萨摩藩弹药库的帝国海军士兵后,他们选择在西乡隆盛的领导下举兵叛乱,反抗政府。

西乡隆盛带领3万名士气高昂的武士,全副武装地向首都挺进。叛军拥有一个良好的开局,但无法跟上政府的征兵速度——政府又新征了6万名士兵。政府军虽然损失了1.6万人,但凭借海军炮火和高超的战略击溃了叛乱。在与最忠诚的部下进行了最后一次注定失败的战斗后,西乡隆盛以一种仪式性的自杀方式——切腹,结束了生命。武士阶层随之一同灭亡,这对武士阶层来说或许也是最恰当的方式。

"年轻军官、媒体和学者意识到一场战争即将来临。"

▲ 日本士兵欢呼雀跃地庆祝军事征服，并四处对中国平民施加暴行

形势开始向有利于同盟国的方向发展。1945年德国投降后，战火烧到日本本土。

在冲绳岛的绝望之战之前，日本几乎每一个城市都已被燃烧弹炸毁。冲绳登陆战期间，民众对天皇的疯狂崇拜达到新高——神风敢死队驾机撞向敌舰，将军切腹自杀（武士仪式性的切腹），平民纵身跳崖。对于此役伤亡4.9万人的美国来说，在日本本土取得胜利必将付出惨重代价。

于是，当天皇拒绝投降后，美国人向广岛投下了第一枚原子弹，然后又向长崎投下一枚，瞬间造成数十万人死亡，无数人受伤。尽管一些将军仍然喋喋不休，天皇最终还是选择投降，终结了这个国家追求帝国荣光的野心。

日本在第二次世界大战中遭受的彻底失败对国民的精神造成了巨大的打击。而天皇以凡人形象现身，也深深震撼了从小就相信天皇是神的国民。美国占领了这个国家，并于1947年指导日本颁布了新宪法，宣布放弃战争。

裕仁虽被允许继续担任天皇，但只沦为日本国民整体的象征，主权将掌握在议会手中。然而，至1989年裕仁天皇病逝时，日本已经跃居世界第二大经济体。

德意志帝国

德意志帝国诞生于民族主义的火焰中。它打破了脆弱的权力平衡，也将战火烧到了全世界。

詹姆斯·霍尔/文

普鲁士王国曾是一个位于德语世界边缘的边疆省份，直至1815年拿破仑在滑铁卢战败后才成为一支不可忽视的力量。在随后的一个世纪里，这个国家改头换面，吞并邻国，先后与丹麦、奥地利、法国开战，至1914年更是挑起世界大战。

1814年—1815年召开的维也纳会议重新划定了欧洲政治地图，改变了整个欧洲的力量平衡。拥有近千年历史的哈布斯堡王朝曾是德意志世界的主导力量，如今仅统治着奥地利，人口不及新兴的普鲁士王国，与此同时俄国吞并了波兰，迫使普鲁士由东抽身，转为争夺新成立的德意志邦联的领导权。

如同霍亨索伦王朝的黑鹰纹章一样，普鲁士凝视着西方。普鲁士希望利用德意志邦联扩大影响力，但德意志邦联实际上不过是一个没有行政职能的外交俱乐部。面对普鲁士的领土野心，奥地利率领其他小国予以激烈反抗，而这些小国也希望通过挑动普奥两个大国的争斗而维持自治。作为回应，普鲁士则提出了关税同盟、单一军事政策及其他倡议，试图将德语世界和霍亨索伦王朝捆绑在一起。

尽管普鲁士的政治努力未能赢得邻国政府的支持，但它确实给普通民众留下了深刻印象，尤其是王国的现代化和对泛日耳曼主义的承诺。泛日耳曼主义又因1848年席卷德意志邦联39个邦国的民族主义起义而声势大壮。

由于对君主的专制与自私不满，许多人希望在普鲁士国王的允诺下推行普选并建立单一的民选议会。1848年3月，革命期间成立的法兰克福议会起草了一部帝国宪法，并授予普鲁士国王腓特烈威廉四世德意志皇帝称号。不过，威廉四世

▲ 这场华丽的庆典是为了庆祝德国在1871年普法战争中获胜

因担心俄国或奥地利干涉而拒绝。法兰克福议会随之垮台，未能实现德意志的统一。

1857年，一次中风使威廉四世无法统治国家，王位传给其弟威廉一世。新国王的周围很快聚集了一批坚强的现代主义者，他们在德意志帝国的兴衰中发挥了至关重要的作用。威廉一世从6岁起便穿着军装，9岁时已被委任为一等军官。这些早期经历影响了他对国家统一方式的看法，他曾在1849年写道："谁要统一德国，就必须先征服德国。"

威廉一世在位的61年里，积极重组普鲁士军队，亲手挑选陆军大臣巩固权力。新任命的首相奥索·冯·俾斯麦则运用现实政治战略，将普鲁士推向欧洲的中心。

现实政治是一种实用主义政治，认为决策基于机会和不断变化的环境而非意识形态。1862年，俾斯麦在普鲁士议会上发表了臭名昭著的演说，概述了自己采取大胆行动的原因："当

▲ 1907年画有威廉二世肖像的明信片

代的重大问题不是演说与多数通过的决议所能解决的——这正是1848年和1849年所犯的大错误——而只能通过铁和血来解决！"

由于人们对缓慢的变革步伐感到失望，1848年的浪漫主义革命被1862年保守民族主义者的现实政治取代，用铁和血建成德意志达成共识。早在1830年，普鲁士就曾利用法国入侵战争带来的恐慌而在邦联内推行自己主导的国防政策。至1870年，俾斯麦不仅再度煽动恐怖气氛，还敲起了战鼓。

1863年，一场错综复杂的丹麦宪法危机给了俾斯麦一个等待已久的机会。由于丹麦国王腓特烈七世死后绝嗣，王位传给母系一支，但这在石勒苏益格公国和荷尔斯泰因公国产生争端。这两个公国都是日耳曼人占多数，且曾在20年前爆发过反对丹麦统治的暴力起义。日耳曼民族主义者嗅到了机会，转而支持普鲁士。

德意志邦联发动了由奥地利和普鲁士领导的战争。奥地利参战的主要目的是为平衡普鲁士在

"不列颠帝国对于威廉二世而言意义非凡，后者对前者的迷恋与愤怒几乎达到同等程度，并决心效法英国使德国称霸世界。"

1834年1月1日
德意志关税同盟
普鲁士成功地建立了德意志关税同盟，以对抗奥地利提议的框架。这是第一个真正的泛日耳曼主义倡议。

1848年5月1日
法兰克福议会
德意志各地爆发民族主义起义之后，成立了一个短暂的国民议会，授予普鲁士国王腓特烈威廉四世德意志皇帝称号。

1864年2月1日—10月30日
第二次石勒苏益格战争
普奥两国与丹麦为争夺日德兰半岛上德国人占多数的省份而开战。尽管普鲁士表现不佳，但他们还是取得了胜利。

1866年6月14日—7月26日
普奥战争
普鲁士和奥地利为了石勒苏益格荷尔斯泰因的归属问题兵戎相见，最终奥地利投降，普鲁士组建起德意志邦联。

促成这场罕见的日耳曼大团结方面的影响，并阻止石勒苏益格-荷尔斯泰因被其独吞。1864年8月，第二次石勒苏益格战争以丹麦的战败告终，石勒苏益格、荷尔斯泰因和萨克森-劳恩堡割让给普奥联军。不过，随后普奥两国很快爆发了内斗。

由于担心遭到普鲁士的侵略，德意志邦联的大多数邦国站在了奥地利一边，迫使普鲁士在多条战线上以一敌众。不过，面对普鲁士优越的步兵战术和新式德莱赛步枪，奥地利军队士气低落、意志消沉，哈布斯堡家族丢尽颜面。最终，经过7周的战斗，奥地利于1866年7月宣布投降。德意志邦联随之解散，普鲁士转而组建起北德意志邦联，并全权接管了石勒苏益格-荷尔斯泰因和许多其他独立邦国，最终直接统治了北德意志邦联80%的领土。

四年后，北德意志邦联与法国开战。由于担心遭到潜在敌人的包围，法国政府否决了身为普鲁士王室的霍亨索伦亲王登上西班牙王位的提议。于是，俾斯麦便向愤怒的法国媒体公布了一份精心编辑的由威廉一世署名的谴责声明，使这位普鲁士国王看起来比实际更加好战。1870年7月，法国皇帝拿破仑三世为了恢复威望，在舆论压力下向普鲁士宣战。

▲ 德国宰相奥索·冯·俾斯麦身穿军装，头戴标志性的元帅帽

六个月后，普鲁士取得了胜利，铁蹄踏上巴黎街道。普鲁士吞并了法国边境阿尔萨斯-洛林地区。法国被迫支付50亿法郎的战争赔款，而普鲁士则在凡尔赛宫的镜厅宣布德意志帝国的

1870年7月19日—1871年1月28日
普法战争
随着北德意志邦联占领巴黎并吞并阿尔萨斯—洛林，德意志帝国宣告成立。

1890年3月18日
俾斯麦辞职
德国宰相俾斯麦与德皇威廉二世之间发生冲突后，被迫辞去宰相职务，随后一个充斥着侵略的新时代即将到来。

1914年7月28日—1918年11月11日
第一次世界大战
威廉二世迫使奥匈帝国向塞尔维亚宣战，导致协约国向同盟国宣战。

1919年6月28日
《凡尔赛条约》
《凡尔赛条约》标志着德意志帝国的终结，阿尔萨斯—洛林归还法国，德意志帝国的其他领土也遭到瓜分。

▲ 一枚1860年的硬币上刻有普鲁士国王威廉四世的半身像

成立。法国无法忘记因普法战争而失去的阿尔萨斯-洛林，并意识到强大的德国对其生存构成了威胁，于是开始向俄国寻求结盟。

1870年诞生的《德意志帝国宪法》是一个妥协的产物。当时德国第一任宰相俾斯麦和威廉一世在许多问题上存在分歧，前者通过选举产生的联邦议会限制了后者的权力，并在序言中将后者仅称为"德意志皇帝"，而非"德国皇帝"，暗示其权力的有限性。

此外，巴伐利亚王国、符腾堡王国和巴登和黑森大公国被允许继续自行组建军队、颁行法律、管理议会，乃至自行征税。而日渐衰老的威廉一世则留在普鲁士腹地。他发现自己无法在这位盛气凌人的宰相面前坚持立场，于是很少公开露面，过着相对平静的生活，直到1888年去世。

威廉一世的儿子腓特烈三世或将成为与其父完全不同的君主。他是一位极具魅力的自由主义者，娶了维多利亚女王的长女——与之同名的维多利亚公主为妻。或许他将成为第一位伟大的德意志皇帝。然而，他在登上王位时已患上喉癌，三个月后就去世了。

就在父亲和祖父去世的同一年，威廉二世成为第三位也是最后一位德意志皇帝。他完全没有遗传父亲善于与人交际的天赋，他那精心安排的威仪吸引了公众的注意，但他那令人难以捉摸的言论和粗鲁的行为则令国际社会和德国公众震惊。他的独裁作风直逼俾斯麦，迫使后者于1890年下台，告别了苦心经营28年之久的政坛。

俾斯麦精于算计的现实政治使德意志帝国在一些地区不受欢迎，但也不乏崇拜者，尤其是在英国。这位宰相小心翼翼地维持着权力的平衡，集中精力建设一个强大、保守的德意志帝国。然而，威廉二世将现实政治束之高阁，转而推行世界政策。

不列颠帝国对于威廉二世而言意义非凡，后者对前者的迷恋与愤怒几乎达到同等程度，并决心效法英国使德国称霸世界。他资助建立强大的帝国海军，挑起与英国的造舰竞赛；试图在英法两国这对竞逐非洲势力的老对手之间搬弄是非;在俄罗斯与其西方盟友之间制造隔阂。不过,以上三个计划都以失败告终。

事实上,威廉二世的这些令人难以捉摸且具侵略性的举动,成功使独裁专制的俄罗斯、共和制的法兰西和君主立宪制的英国这三个政体不同的国家走到一起,缔结了三国协约。威廉二世遂与奥地利修复关系,并与僵化的奥匈帝国和衰落的奥斯曼帝国建立持久的联盟。

威廉二世还将自己的全球野心付诸实践,建立起一个面积仅次于不列颠帝国和法兰西帝国的第三大海外帝国。其所辖地区分布广泛,包括德属西南非洲和德属新几内亚(均始于1884年)、德属东非(始于1891年)、德属西非(始于1896年)、德属萨摩亚(始于1899年),以及中国的三个租借"通商口岸"(其中包括青岛,德国在那里留下了一家酿酒厂)。

俾斯麦推行的是克制政策,但威廉二世采取的政策则令人难以捉摸,似乎印证了人们对于德国对外侵略扩张的担忧。这一政策将世界分化为两个对立的集团,并使之于1914年夏爆发冲突。这个百年间由改革家、军事家、国王和皇帝缔造的帝国,却未能在1914年—1918年的第一次世界大战中幸存下来。不过,统一的德意志民族却是个例外,这也成为其最伟大的成就。

▼ 1870年—1871年普法战争胜利后,威廉一世在法国凡尔赛宫加冕为德意志皇帝

帝国的毁灭者

记住这些人吧！他们凭借军事势力或英勇抗争，推翻了那些最强大的帝国，彻底改变了世界历史的走向

埃尔南·科尔特斯
卡斯蒂利亚人（1485年—1547年）

人们对于埃尔南·科尔特斯其人知之甚少。有人认为他是西班牙的英雄，也有人指责他是造成死亡和毁灭的恶魔。然而，无论人们如何看他，他都要对人类历史中最重要的事件之———征服阿兹特克帝国负责。这场由他领导的战役始于1519年，历时8个月。最终，科尔特斯俘虏了阿兹特克帝国国王蒙特祖马二世，并挟持其进行傀儡统治。阿兹特克人起义时，杀死了威信扫地的蒙特祖马二世。这最终引发1521年科尔特斯率军围攻并占领了帝国首都特诺奇蒂特兰。阿兹特克帝国随之崩溃。

◀ 科尔特斯在军旅生涯中有"杀手"之称

▲ 孙中山

孙中山
中国人（1866年—1925年）

孙中山是一个聪明而倔强的年轻人，他对清朝拒绝接受西方现代世界的知识和技术感到不满，于是制定了推翻清朝的计划。他很快组织革命活动，并于1911年领导了辛亥革命，随后整个帝国发生了一系列暴力反抗和起义，最终迫使6岁的清帝溥仪逊位，建立中华民国。

亚历山大大帝
马其顿人（公元前 356 年—前 323 年）

公元前6世纪，居鲁士大帝建立了阿契美尼德王朝，也称波斯帝国。数百年来，它的规模不断扩大，甚至将埃及纳入版图。阿契美尼德王朝虽由国王统治，但权力下放给地方政府。正是帝国内部的嫌隙给了亚历山大大帝乘虚而入的机会，并最终夺取了政权。为了到达"世界的尽头"，这个雄心勃勃的年轻人进而在格拉尼库斯和伊苏斯戏剧性地击败了波斯军队。

当拿破仑发现妻子约瑟芬有外遇时，曾向兄长去信诉苦，不料信件被死敌英国截获并被媒体公之于众。

拿破仑·波拿巴
法国人（1769 年—1821 年）

神圣罗马帝国是一些小国为复兴西罗马帝国而组成的国家，成功地存续了千年之久。法国革命战争结束后，民族主义席卷全境。凭借新领导人拿破仑的力量，法国人终于有能力实现扩张野心。拿破仑将矛头指向神圣罗马帝国皇帝弗朗西斯二世。在1806年奥斯特里茨战役中，强大的法国军队打败神圣罗马帝国，罢黜了弗朗西斯二世，为19世纪法国统治欧洲奠定了基础。

> 关于卢蒙巴之死,至今仍有许多谜团,有人指控美国、英国和比利时都曾参与其中。

帕特里斯·卢蒙巴
刚果人(1925年—1961年)

比利时殖民帝国的特别之处在于,约98%的领土都来自同一个殖民地——比利时刚果殖民地。在饱受多年的残酷统治后,一场独立运动于1960年在殖民地蔓延开来。帕特里斯·卢蒙巴成功地领导了这场革命,带领刚果独立,迫使比利时放弃这块最大、最赚钱的殖民地。卢蒙巴被选为总理,但他的政府仅存在了12周,便遭政变推翻,他也遭到处决。

纳迪尔沙
伊朗人(1688年—1747年)

纳迪尔沙被称为"波斯的拿破仑",率军进行了强大而残暴的征服。纳迪尔沙先是反抗自1502年以来一直统治伊朗的萨法维王朝,于1736年成功推翻其统治,并自立为国王。随后,他率军入侵印度莫卧儿帝国,在卡尔纳尔战役中取胜,占领并洗劫了莫卧儿帝国首都。这次惨败使莫卧儿帝国万劫不复,后来其仅剩的小块领土也被英国占领。

彼得大帝
俄国人（1672年—1725年）

17世纪和18世纪早期，瑞典帝国曾强大一时，领土范围从今天的美国一直到丹麦和芬兰。然而，一个新兴力量出现在地平线上——彼得大帝领导的俄罗斯帝国。两国在波尔塔瓦战役中兵戎相见。

▶ 身高2.04米的彼得在他的时代高得令人难以置信

弗朗西斯科·皮萨罗

西班牙人（1471年—1541年）

贫穷而又不识字的皮萨罗在秘鲁获得了成功。皮萨罗说服西班牙国王查理一世资助其远征秘鲁，并在那里建立起西班牙殖民地。当印加皇帝对此抗议时，皮萨罗将其掳走并处以极刑。同年底，他控制了印加首都，结束了南美帝国的统治。

> 皮萨罗通过印加皇帝阿塔瓦尔帕的赎金获得的财富包括：630磅黄金、1260磅白银，以及皇帝的15K黄金宝座。

奥多亚克
日耳曼人（433年—493年）

　　奥多亚克要为有史以来最强大的帝国罗马帝国的灭亡负责。尽管西罗马帝国的力量已因内战和经济萧条慢慢消逝，但其终结的标志却是奥多亚克领导的革命。470年，身为罗马军官的奥多亚克要求意大利日耳曼部落首领欧瑞斯特将意大利土地送给军队，以表彰其军功。当遭到拒绝后，奥多亚克及其部下杀死了欧瑞斯特，占领了西罗马帝国首都拉韦纳，并废黜了欧瑞斯特的儿子——罗马皇帝罗慕路斯二世。奥多亚克继而征服了意大利其余地区，并加冕成为意大利的第一个日耳曼蛮族国王。西罗马帝国就此灭亡。

▲ 奥多亚克最终在一次宴会上遭到诱杀

图片所属

17	© Alamy; Look and Learn
23	Images: Alamy, Jose Cabrera
30	Images: Alamy, Jose Cabrera
41	© Look & Learn, Sol 90
55	© Alamy; Look and Learn
69	© Getty Images; WIKI
79	© Alamy, Getty Images
87	© Alamy; WIKI
97	© Print Collector /Getty Images
112	© Thinkstock, Alamy
119	© Getty Images
125	© Getty Images
137	© Getty Images
169	© Getty Images
175	© Getty Images
183	© Getty Images
191	© Alamy; Corbis